LA RUTA DE LA GARNACHA

TEQUILA

LA RUTA DE LA GARNACHA
© Eduardo Villar Padilla

D.R. © Selector S.A. de C.V. 2016
Doctor Erazo 120, Col. Doctores,
C.P. 06720, México D.F.

D.R. © Carlos Ballarta, prólogo
D.R. © Genoveva Saavedra García, portada y diseño
Tipografía: dafont.com / Burntilldead Typefoundry
(The Goldsmith Vintage)
Imágenes interiores: iStock.com / Pazhyna (iconos fast
food blancos); Pixabay.com / Gordon Johnson (edificios
blancos) y Openclipart-Vectors (iconos cocina negros).

ISBN: 978-607-453-490-0

Primera edición: agosto de 2017

Impreso en México
Printed in Mexico

LALO VILLAR

LA RUTA DE LA GARNACHA

SÉLECTOR

SÉLECTOR
ACTUALIDAD EDITORIAL

ÍNDICE

CIUDAD DE MÉXICO

GUADALAJARA

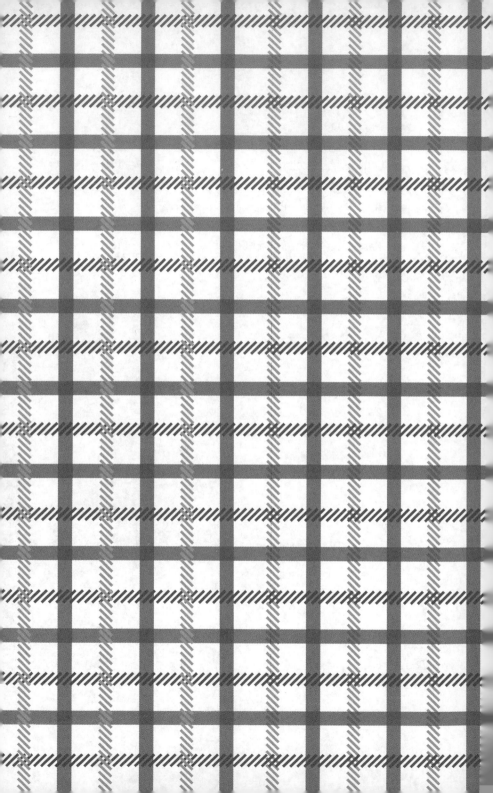

Dicen que uno no elige a su familia.
Gracias, Dios, por escogerme a los mejores
papás, hermanos y familia
porque sin ellos no sería lo que soy.

Este libro es suyo.

PINCHES CHARALES

CARLOS BALLARTA

La neta no es por echarle flores a la gastronomía chilanga, pero creo que es la más variada de todo el país, tal vez justo porque todas las gastronomías se conjuntan en el área metropolitana sin que nadie le haga el feo a nada. Mil sabores, colores, olores y formas desfilan frente a nuestros sentidos cada vez que la banda godín o estudiante decide aglutinarse frente al puesto de garnachas, tenemos tortas, gorditas, quesadillas (con o sin queso, cómo no), tlacoyos, sopes, tlayudas, pambazos, flautas, tostadas, huaraches, tortas de chila- quiles, tortas de tamal, atoles, tacos de canasta, tacos de suadero, campechanos, gringas, alambres, tamales fritos, tacos de guisado, de bistec, etcétera.

A diferencia de lo que ocurre en el interior de la República (no le llamaré *provincia* para no herir susceptibilidades que al parecer siguen sin sanar desde la Colonia), los chilangos le entramos a todo, sin cuestionamientos, sin hacer caras, amenazados e impulsados por el yugo que a tantos de nosotros nos impone, y queremos ser libres de la terrible frase condenatoria: "NO SEAS PUTO". Fue mi miedo a esta frase tan horrible, y a la que mi padre y el padre de mi padre temían igual que yo, que decidí probar el alimento más asqueroso que pueda recordar: los charales. ¡¿POR QUÉ, DIOS?! ¿POR QUÉ COÑO INVENTASTE LOS CHARALES?

Pasé noches en vela preguntándome qué azteca o tarasco u otomí fue el primero al que se le ocurrió que esas madres eran comestibles (disculpe usted si es un versado de la historia alimenticia mexicana y sabe quién fue el que incluyó el charal en la dieta mexicana, pero no sé por qué siento que fue algún pueblo prehispánico).

Punto y aparte, hablando ahora sobre mi alimento preferido, cuál ha sido mi cara de sorpresa al enterarme que la banda fuera de la zona metropolitana, que para términos cómodos, se extiende hasta Cuernavaca y Toluca, le rehúye a la torta de tamal. ¿¡CÓMO SE ATREVEN!? No hay nada más delicioso y más reparador que la combinación de estos ingredientes tan básicos en la dieta mexicana: pan y tamal. "¿Cómo vamos a comer masa con masa?", errónea-mente exclaman los que Chabelo llamara "los cuates de provincia" (que conste que yo no los estoy llamando así, sólo cito a Chabelo); no es masa con masa: el tamal es maíz, el pan es trigo. Punto. No hay platillo más mestizo que la torta de tamal, creo yo, combina el trigo, alimento base del europeo, y el maíz, el alma americana. El alma del continente es de elote, no hay más.

Recuerdo con risa cómo solía enojarme cuando en la secundaria a la que asistía –católica porque mi madre así lo quiso– se nos ense-ñaba la importancia del trigo en la cocina europea, y cómo la hostia debía estar hecha de trigo. ¿Y el maíz, putos? Si aquí no había trigo y había maíz, durante la evangelización, ¿hacían las hostias con maíz? La respuesta es no... o al menos eso recuerdo.

Recuerdo que me comentaban sobre la creencia de los españoles de que sólo el trigo podía mutar al cuerpo de Cristo, y que el maíz, al chile, no valía verga en la transubstanciación: no mamen...

Tras conocer esta historia me pregunto: ¿qué no ve la gente del interior de la república que uno de los platillos más característicos del DF es un platillo que simboliza la unión de nuestros pueblos? Los pueblos que nos dieron vida a nosotros: el europeo y el americano. Que de una vez nos quede bien claro que los mexicanos no somos ni indígenas ni españoles, somos los hijos de ambos, y bajo esta lógica, lo que representa la guajolota bien podría ser el símbolo patrio...

Pero bueno, temiendo que este texto termine siendo una apología a la torta de tamal más que una introducción concreta a este libro, déjenme explicar por qué hablo sobre la gastronomía chilanga: Lalo Villar y yo tenemos tres cosas en común: somos comediantes, nos encanta tragar y ambos somos chilangos.

En el DF hay comida por todos lados, en cualquier esquina, y me parece una labor loable que haya sido un chilango el que se haya puesto como meta hacer una ruta de comida callejera. Así nace La Ruta de la Garnacha S.A. de S.R.L de C.V.

Ustedes no saben la historia, y si ya compraron esta madre me parece que sí están para saberlo y yo para contarlo: Lalo vive justo en este momento en la misma casa en la que yo vivía. Alexis Le Rossignol (ahora campeón del humor en Francia, entonces residente mexicano) y yo compartíamos ese hogar. Por una u otra razón yo decidí mudarme y en mi lugar llegó Lalo Villar. Recuerdo que en ese entonces Lalo iniciaba con la Ruta de la Garnacha. El primer atisbo que tuve sobre lo grande que estaba llegando a ser su canal en Youtube, donde realizaba la noble labor de recomendar tragazón a tragones como yo, fue cuando en un puesto de tacos, a altas horas de la noche, estando yo alcoholizado y decidiendo bajar la peda a la manera más mexicana, divisé un pegatín adherido al plato de mi taco. Terminado el manjar, retiré la bolsa que recubre el plato –y que tanta labor le ahorra al taquero– y admiré detenidamente lo que decía el *sticker*: LA RUTA DE LA GARNACHA. Entonces caí en cuenta de que Lalo y toda la comunidad de comediantes en el DF solíamos visitar estos tacos, muchas veces bajo las mismas circunstancias en las que yo me encontraba.

Pasados los días, semanas o meses, Lalo me invitó a tragar tlacoyos en Santa Fe para La Ruta de la Garnacha. Obviamente acepté. Antes de que la cámara rodara, comí demás (gratis, huelga decir) y para cuando iniciamos a grabar, no pude terminarme el tlacoyo. Fue un pedo salir de Santa Fe, me acuerdo, pero lo que más recuerdo fue un comentario en el video de Youtube: algún usuario, escudado en el anonimato, decidió llamarme "INDIO LACANDÓN NIXTAMALERO" al verme en pantalla al lado de un hermoso y gallardo Lalo Villar. Argumentaba que al ver mi cara se le habían ido las ganas de ir a tragar a los Tlacoyos Lucy (así se llaman, ya me acordé, jeje) y que Lalo hacía mal al invitar a gente tan fea a aparecer en la Ruta de la Garnacha.

Fue debido al comentario de este sujeto, en quien obviamente pienso todas las noches antes de dormir, que Lalo decidió invitarme a escribir este prólogo:

Así la gente ya no va a tener pedos, carnal —me dijo un Lalo Villar con visión empresarial—: nomás te leen, y ya no les quitas las ganas de comer.

—Sí, señor —le dije.

Y pues heme aquí, escribiendo para un amigo y un camarada chilango, todo gracias a un comentario anónimo en Youtube. La lección a aprender es: puedes cambiar el mundo desde tu computadora, no salgas, no hagas nada, sólo insulta en Youtube.

Muchas gracias, Lalo. Te amo.

Carlos Ballarta
Guadalajara, Jalisco, México.
15 de junio de 1879

EL ENTREMÉS

GARNACHEROS, ANTES DE ENTRARLE A LA CARNITA DEL LIBRO (LES PROMETO QUE SERÁ COMO MACIZA CON CUERITO), QUIERO CONTARLES CÓMO NACIÓ *LA RUTA DE LA GARNACHA* Y LO QUE ENCONTRARÁN EN ESTAS PÁGINAS. AQUÍ VAMOS.

★ ★ ★

Desde hace muchos años me declaro fan fan de los programas de comida, sobre todo si se trata de la mexicana. Me encanta verlos, pero a la vez me frustra, porque veo a la doña preparando tal o cual platillo, lo sazona, le da su toque personal, le pone mucho amor, lo concluye, lo prueban, todos felices, y siempre me pregunto: ¿y dónde puedo ir a probarlo? La respuesta es: no hay manera porque la doña estaba en su casa. Ni modo de ir a la casa de la señora y decirle: "Jefecita prepárame ese platillo que hizo en la tele".

Así que un día de 2011 le comenté a unos amigos: hagamos un programa de comida, pero visitemos lugares callejeros, donde mucha gente come todos los días, y recomendemos su comida para que después puedan ir quienes nos vean. Ya no necesitábamos televisoras: ahí estaba YouTube. Todos, entusiasmados, dijeron que sí. Pasaron muchos días, un año completo, y nada que hacíamos. Mucho entusiasmo pero nada de acción.

Yo no desistí de la idea, sobre todo porque era un proyecto que conjugaba dos amores muy importantes en mi vida: comer y viajar. Ambos los traigo en la sangre, en el alma, en mi corazón garnachero, es parte fundamental de lo que soy, de mis orígenes, de quienes me formaron para esta vida. Mi papá y mi mamá me dieron eso. Cuando yo era pequeño y llegaba el tiempo de vacaciones de Semana Santa, viajamos a Santa Rita, en Jalisco, somos seis hermanos y mi papá siempre ocupaba una frase: "O vamos todos o no va nadie". Así, toda la familia nos trepábamos a la camioneta y nos íbamos puebleando. En cada pueblo que parábamos a comer, la pregunta invariable de mi mamá era: "¿Aquí qué podemos comer? Pero recomiéndeme algo rico, algo de aquí del pueblo". Así fueron siempre muchos de nuestros viajes, en familia.

A eso súmenle que el negocio de mis padres es un molino de chiles y harinas. Ahí desde niño conviví con los aromas, las texturas y el sabor de la harina para los tamales, el maíz pozolero y, por supuesto, los moles. Mi mamá cocina con una sazón que enamora, y es que como el amor y dedicación de las madres para hacer de comer no hay. De ella aprendí a comer de todo, a probar de todo, con el alma dispuesta a dejarse sorprender. A mi papá le aprendí el valor de compartir, viajar. Para mí, viajar y comer no es sólo eso, es pasión, memorias, recuerdos y amor.

Ya en 2012, al ver que a aquellos amigos más bien no les importaba mucho, conjugado con que soy un aferrado con lo que me apasiona y hacer mis sueños una realidad, comencé a ahorrar para comprarme mi equipo –cámara, computadora, tripié...– para salir a recorrer las calles de mi ciudad y luego los pueblos de México para hacer los primeros videos de mi programa, que en ese momento, en mi cabeza, se llamaba "Garnacheando". Así llegó agosto de 2014, y tras vencer muchos miedos ("¿a alguien le interesará ver mis videos?, ¿lo estoy haciendo bien?, ¿me van a criticar?, ¿de verdad será buena idea?"), me lancé a hacer mi primer video a los tacos El Galán, en Ciudad Nezahualcóyotl. ¿Saben por qué elegí ese lugar?

La respuesta ya se la imaginarán: porque mis papás –que se conocieron en Neza– nos llevaban ahí desde que mis hermanos y yo éramos muy pequeños. Así que para mí no era ir a grabar unos tacos al pastor, era regresar a un lugar que me traía recuerdos muy gratos de familia. Me aventé y por fin el 6 de agosto de 2014 subí mi segundo video a mi canal de YouTube. ("¿Segundo? ¿No era el primero, Lalo?" Era el primero ya con la idea fija de *La Ruta de la Garnacha*, pero el segundo si tomamos en cuenta que, sin saber siquiera que algún día haría *La Ruta de la Garnacha*, algunos años antes, en 2008 para ser precisos, puse la semilla que detonaría todo esto. Si no me creen, entren a mi canal y vean el primer video que subí: youtu.be/eNVUa9fOF4E.) *La Ruta de la Garnacha* había nacido oficialmente.

Cuando comencé a confeccionar la idea de este libro, lo primero que se me ocurrió fue incluir todos los lugares que he reseñado hasta el momento. Pero eso cambió cuando me di cuenta de que hubiera quedado un libro como de 1568 páginas, *El álgebra de Baldor de las garnachas*, que no es mala idea, garnacheros, pero no es lo ideal para viajar y comer lo rico de México. Quise que fuera un libro fácil de cargar, que lo pudieran traer en la guantera del coche, en su mochila, en una bolsa de mano, y para ello había que hacer una selección –ni hablar, no hay de otra–. Claro, muchos lugares que he recomendado en videos no están en este libro. No es que no me gusten o que me parezcan de menor valor que los incluidos. No es así. Al revisar la lista de lugares que he visitado, decidí separar el libro en cuatro grandes secciones: Ciudad de México, Guadalajara, Monterrey y ciudades varias.

Mucha gente me comenta que todo me gusta. No, no todo me gusta; por ejemplo, odio el hígado encebollado (¿quién no?), lo aborrezco profundamente, y miren que he intentado todas las variantes posibles, que si primero hervido, que si marinado en leche, que si... ¡lo odio! Así también hay lugares que no me gustan. ¿Para qué incluirlos? ¿Para quitarle páginas a los que sí? No valdría la pena, además de que no me gustaría afectar a sus dueños, a las familias que trabajan en ellos, pero sobre todo porque que no me gusten a mí no significa que no le gusten a nadie. De hecho, garnacheros, eso es algo que quiero decirles: los lugares que están aquí me gustan *a mí* y se los quiero recomendar *a ustedes*. No faltará el que diga: "Fui a tal lugar que recomienda Lalo; está bueno, pero es mejor el..." Y está bien, garnacheros, es normal, la comida tiene algo más rico que su aroma y sabor, se conecta con tu vida, en tu memoria, con tus recuerdos, con tu alma y tu corazón. El propósito es uno: disfrutemos de nuestra cultura, de nuestro país, de nuestra comida, de nuestra sazón, de nuestros pueblos y ciudades. Disfrutemos México.

Ah, una última cosa: tampoco faltará el "ay, no incluyó tal lugar", también es normal, hay tantos lugares por recomendar, tantos sabores que probar... pero, miren, recomienden este libro, que muchos garnacheros lo compren, porque eso nos dará la posibilidad de hacer un segundo tomo y poner más y más lugares.

GARNACHEROS, YO SOY LALO VILLAR, Y LOS INVITO A DISFRUTAR ESTE LIBRO, *LA RUTA DE LA GARNACHA.*

 La Ruta de la Garnacha

 /larutadelagarnacha

 /LaRutadelaGarnachaMx

 @larutagarnacha

Garnacheros, en cada una de las recomendaciones de este libro encontrarán unos símbolos. Quizá para algunos quede muy claro qué significan, pero tal vez para otros no tanto. Para no jugarle al adivino, acá se los explico.

PLATO

En cada título encontrarán un plato distinto. ¿Cuál es su significado? Ninguno, nada más los pusimos para que se vea bonito.

ESTRELLAS

Estas sí significan algo: es la calificación que yo les doy. Como todos estos lugares que recomiendo me gustan, sólo habrá **3, 4 o 5 estrellas**.
Tres = está bien, vengan.
Cuatro = ¡Qué bueno está! Así sí vale la pena engordar.
Cinco = No-pue-den-de-jar-de-vi-si-tar-lo o los bloqueo en mis redes sociales.

MI VOTO

No es mi voto, garnacheros, **sino el suyo**. Es para que ustedes califiquen el lugar. Háganlo, porque tal vez este libro sea lo único que le hereden a sus nietos.

FONDA SANTA CLARA

SI ESTÁN PENSANDO EN UNA FONDITA CON MESAS Y SILLAS PATROCINADAS POR ALGUNA CERVECERA, ESTÁN MUY EQUIVOCADOS.

DIRECCIÓN

3 Poniente 327,
Puebla de Zaragoza.
En la calle de las dulcerías,
a cuadra y media del
Zócalo.

HORARIO

De lunes a domingo, de 8 am a 10 pm.

Uno de los restaurantes más ilustres de Puebla de los Ángeles, y quizá el de mayor proyección internacional de comida poblana, es la Fonda Santa Clara. Desde 1965, cuando la fundó la señora Alicia Torres, tiene la reputación de tener grandiosos moles y el mejor chile en nogada. El mole es exquisito, espeso, no tan dulce, no tan picoso, y se sirve con arroz (es el favorito de los extranjeros). Por su parte, los chiles en nogada son, sin duda, los mejores de México; para quienes no los conocen, se trata de un chile poblano asado relleno de carne de cerdo y res picada, manzana, almendra, nuez de castilla, pasas, y, en algunos casos, durazno y plátano. Todo esto se recubre con

DEDITO PARRIBA

Esto significa algo como "la especialidad de la casa". Habrá lugares que es obvio que es la especialidad porque es lo único que sirven –por ejemplo, la birria, pero en otros podrá haber gran variedad de platillos, pero es el que yo recomiendo.

SALSÓMETRO

Ustedes saben que si algo me encanta son las salsas. Acá les van los equivalentes.

Un chile = no pica, niños y extranjeros pueden entrarle.

Dos = picor nivel principiante.

Tres = Esto ya se está poniendo interesante.

Cuatro = ¡Venga, lo que esperaba!

Cinco = ¡Cómo %&$*@# pica esta salsa!

Hay lugares en los que no hay propiamente salsa, sino chiles en vinagre, asados, chipotles... la escala aplica igual.

a nogada, que es una salsa hecha con uevo, queso, crema, leche, piñones, nuez, ceite y granos de granada. Se le agrega erejil para que tenga los colores de México, ues se dice que este platillo lo inventaron as monjas agustinas en 1821 para celebrar Agustín de Iturbide, quien acababa de irmar el Acta de Independencia. No menos ompleja es la elaboración del mole, del ue se cuentan varios orígenes, uno de los uales refiere que fue concebido por una nonja del convento de Santa Rosa de Lima ara deleitar al virrey Tomás Antonio de la erna y Aragón. El mole poblano lleva más e 20 ingredientes, lo que lo convierte en no de los platillos más excéntricos y ricos el mundo.

CHILE EN NOGADA Y MOLE CON POLLO.

PRECIOS

Tema siempre importante, garnacheros. **Ojo: estos parámetros aplican para el consumo de una persona.** No vayan a querer aplicarlos para siete personas y me digan mentiroso.

Una monedita = con la feria, el cambio o la morralla la armas.

Dos = De 50 a 100 pesos.

Tres = 100 a 150 pesos.

Cuatro = 150 a 200 pesos.

Cinco = Vayan en día de quincena, para no sufrir.

DATO CURIOSO

Hay una cerveza exclusiva de este lugar elaborada para acompañar el chile en nogada, hecha de cereza, pera y durazno. Fue concebida no para emborracharse sino para adornar los muchos sabores del chile en nogada. ¿Qué les parece?

QR

Muchos de ustedes ya saben cómo funciona este QR. Para los que no, es un código que sirve como enlace a cualquier página de internet. Sólo tienen que bajar un lector de QR's. Hay muchos tanto para iOs como Android. Lo escanean y los llevará al punto exacto del mapa donde está la garnacha recomendada.

SALSÓMETRO

PRECIOS

¿QUÉ ES UNA GARNACHA?

El término *garnacha* se utiliza en México para denominar a casi toda la comida que se vende en las calles. Es muy popular escuchar la frase "vamos por una garnacha" para referirse a comer una gordita, una tlacoyo, un sope, un tamal, una quesadilla o unos tacos.

Sin embargo, el concepto *garnacha* es más bien propio del sur de México, y lo utilizan para referirse a una tortilla de maíz sancochada (pasada por aceite o manteca caliente) para darle más sabor, a la que le agregan frijoles y cebolla picada.

En Oaxaca lo usan para denominar a unas tortillas gruesas, rellenas de carne de puerco; en Veracruz, para unos determinados sopes pequeños. En Puebla, para unas tortillas dobladas por la mitad, que se fríen.

Está claro que en estos estados sirve para denominar un platillo específico, pero en la Ciudad de México... ¡a todo le decimos garnacha!

MANUAL DEL BUEN GARNACHERO

- No regresar el limón usado al recipiente de los limones

- No pedir garnachas de una en una (excepto si con una basta para saciar el hambre)

- No mezclar la cuchara de la salsa roja con la de la verde

- Con todo significa: cilantro, cebolla y salsa –además de piña para los tacos de pastor

- No preguntar si la salsa pica

- Proteger el limón cuando lo estás exprimiendo para que no salpique al garnachero de a lado

- Comer parado

- Agarrar el plato, servilleta y refresco con una sola mano

- Poner atención en cómo le dicen a quien prepara las garnachas, para llamarlo de la misma forma. Por ejemplo, güero, cuñado, gallo, etcétera.

- Ordenar con las palabras mágicas por favor. Da propina

- Ser amable con el preparador de las garnachas; es el proveedor de los alimentos

- Preguntar y ordenar la especialidad del lugar

- Para una correcta selección es indispensable aplicar una fórmula democrática: "Entre más gente presente y amontonada, mejor sazón".

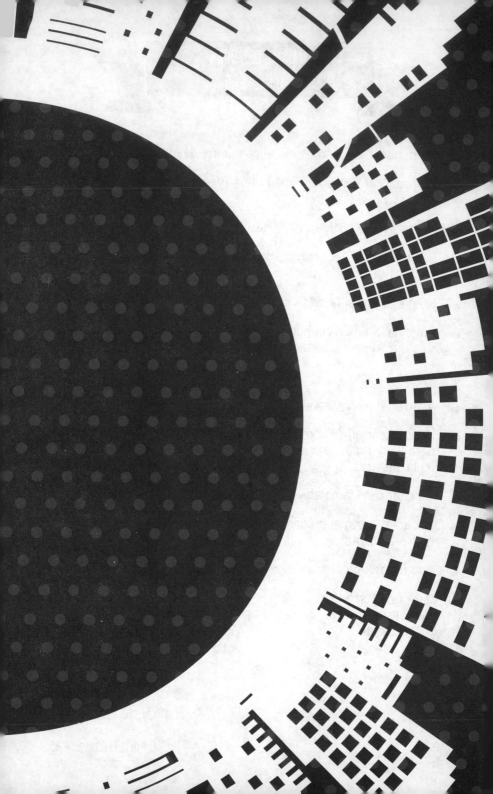

CIUDAD DE MÉXICO

Tacos Lolita

GARNACHERO QUE SE RESPETE COME TACOS DE CABEZA. SI ANDAN POR LA CIUDAD DE MÉXICO, ES IMPERIOSO QUE VISITEN ESTOS MAGNÍFICOS TACOS.

★★★★

DIRECCIÓN

Morelia esquina Colima, o viceversa, colonia Roma, Metrobús Jardín Pushkin o metro Niños Héroes.

HORARIO

Lunes a viernes, de 2:30 pm a 11 pm. Sábado y domingo, de 4 pm a 11 pm.

Ay, Lolita, Lolita... no nos referimos a la extraordinaria novela de Vladimir Nabokov, sino a uno de los locales más concurridos de la colonia Roma. Esta clase de tacos es peculiar porque son de cabeza de res y la carne se cuece al vapor, lo cual les da una consistencia muy blanda y, desde luego, muy rica. Como es lógico, la variedad se restringe a las partes de la cabeza: lengua, sesos, ojo, carnaza, trompa y oreja, pero aquí también se ofrecen de tripa. Los tacos Lolita son bastante solicitados porque, según don Carlos, su creador, se han empeñado en mantener un alto registro de calidad en la carne y el servicio. Eso es totalmente cierto, y la prueba está en el gran número de comensales que los visitan. Algo curioso que hallarás en este lugar es el nombre de las especialidades: "el abogado", hecho con una embarrada de sesos y lengua, y "el jarocho": de tripa y ojo, porque según don Carlos, "en Veracruz se dan los hombres... unos a otros".

EL ABOGADO Y EL JAROCHO

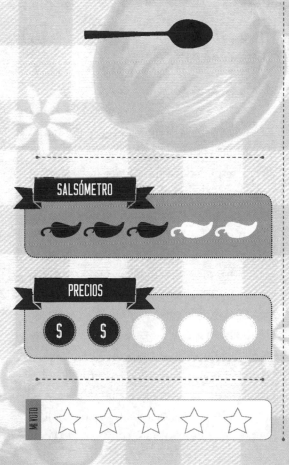

➤ DATO CURIOSO ➤

El **Récord de Gordos** lo tienen tres parejas que fueron a competir: cada uno se comió la fabulosa cantidad de **45 tacos**. Este libro también está dedicado a ellos.

SALSÓMETRO

PRECIOS

$ $

MI VOTO ☆ ☆ ☆ ☆ ☆

Las tortas de Chilaquil

Garnacheros, sólo en la ciudad de México podrán encontrar cosas tan sorprendentes como ¡una torta de chilaquiles!

★★★★★

DIRECCIÓN

Esquina de Alfonso Reyes y Tamaulipas, en la colonia Condesa. El metro más cercano es Patriotismo.

HORARIO

Lunes a domingo, de 8:00 am a 12:30 pm.

Si su hambre pasa de los niveles humanamente permitidos, esta famosa esquina de la colonia Condesa es el lugar que estaban buscando. El puesto atendido por la Cata y la Güera comenzó hace más de 25 años con la venta de tamales y atole; después surgió esta idea muy sencilla, pero con grandiosos y fenomenales resultados. La enorme fila de espera no es en vano (hasta 45 minutos puede demorar, pues hay quien lleva hasta 15 tortas, así que hagan sus cálculos para no llegar tarde a su siguiente cita), pues la variedad que han logrado es sorprendente y desafía cualquier imaginación. Ahí les van: la vegetariana (sólo chilaquil y bolillo), la de pechuga empanizada con chilaquil verde, la campechana (chilaquil rojo y verde), la deslactosada (sin queso ni crema), y la obra maestra: "la Bomba". Lleva frijoles, chilaquil al gusto, pechuga y cochinita pibil. Sexy, ¿no? Es la Madre de Todas las Tortas de Chilaquil. ¿Pensaban que había que elegir entre pan y tortilla? Se equivocan: todo cabe en una torta sabiéndolo acomodar. Este puesto es un lugar único y una parada obligatoria para todo habitante y visitante de la ciudad. Recuerda y anota: después de las 12 no encontrarás "la Bomba". Y si te da sed, a unos pasos puedes conseguir jugos frescos.

LA MÁS PEDIDA ES LA CAMPECHANA CON PECHUGA EMPANIZADA, MI FAVORITA.

DATO CURIOSO

Si vas por una o dos tortas no te formes, dile a la Cata o a la Güera que vas de mi parte.
OJO: Sólo aplica para 2 tortas, no para 30.

SALSÓMETRO

PRECIOS

S

MI VOTO ☆☆☆☆☆

El Borrego Viudo

LA TITÁNICA BATALLA POR LA MEJOR TAQUERÍA
DE LA CIUDAD DE MÉXICO ABIERTA LAS 24 HORAS
TIENE UNA COMPETIDORA BRUTAL:
EL BORREGO VIUDO.

★★★

DIRECCIÓN

Avenida Revolución
esquina con Viaducto,
barrio de Tacubaya.
No están cerca, pero
las estaciones de
metro Tacubaya o
San Pedro de los Pinos
les queda.

HORARIO

Lunes a domingo,
las 24 horas.

Activa y funcionando desde 1969, es una de las más populares desde que don Conrado y su hermano la inauguraron, sin sospechar que unas décadas después sería un referente para los amantes de los tacos. ¿Pero qué hace a El Borrego Viudo tan famoso? Varias cosas: el local cuenta con más de 80 empleados, por lo que el servicio es muy rápido; puedes comer en tu auto, ya que cuentan con un gran espacio para estacionarte y hay varios meseros que te atienden ahí, al momento, así que no tendrás que esperar a que se desocupe una mesa. Las salsas son magníficas, sobre todo la roja, que está hecha con chipotle. Por último, la variedad de tacos es muy buena: al pastor, suadero, longaniza, lengua, sesos y campechanos; el sabor de la carne es maravilloso. Además, es uno de los pocos lugares donde todavía puedes encontrar tepache, una milenaria bebida mexicana producto de la fermentación de la cáscara de la piña. Algo que debes saber es que son tacos pequeños, por lo que si eres de buen comer, tendrás que pedir algo así como una docena. Pero como todo lo bueno, la calidad suple perfectamente a la cantidad.

LOS DE SUADERO, LENGUA Y LA SALSA DE CHIPOTLE PARA LOS TACOS DE PASTOR, UF, BUENÍSIMA.

DATO CURIOSO

Si te gana la flojera puedes llegar al estacionamiento y te los llevan hasta tu coche.

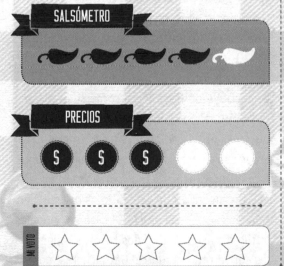

SALSÓMETRO

PRECIOS

MI VOTO

Los CHUPACABRAS

¿QUIEREN SABER CUÁL ES LA MEJOR TAQUERÍA DE LA CIUDAD DE MÉXICO ABIERTA LAS 24 HORAS? AL PARECER, QUIENES SABEN DE TACOS, TIENEN UN GANADOR.

★★★★

DIRECCIÓN

Debajo del puente de Churubusco y Avenida México-Coyoacán. A unos pasos del metro Coyoacán, frente a la plaza Centro Coyoacán.

HORARIO

Lunes a domingo, las 24 horas.

"Al grito de si quiere de res aquí es", "si quiere de potro con el otro", "si quiere de perro con el güero". Los Chupacabras es una de las taquerías más famosas del sur de la ciudad, y su consagración fue gracias a los visitantes de la Cineteca Nacional por allá en 1985. Es raro quien no haya estado crudo (o todavía borracho) y no haya ido a comerse al menos un "Chupas" (sin albur), que es un taco de bistec, chorizo, cecina y la receta secreta (127 especies), la especialidad por excelencia de este lugar. Quienes ya lo han visitado saben que un distintivo de este sitio es que pueden retacar cada taco con cebolla, papas, nopales y frijoles, así, si piden dos tacos, su ingenio los convertirá en cuatro. Garnacheros, por favor, cuando vayan a Coyoacán tengan presente que no sólo se trata de un paseo cultural, chelero o cafetero. Tienen que ir a ese recinto mítico que adquirió su nombre de aquella temible bestia de los tiempos de Carlos Salinas de Gortari, que sembró el miedo entre los mexicanos. Ah, una cosa más: la salsa verde es monstruosa, riquísima y picosísima, tan poderosa que levanta a un muerto. ¿Cruda? ¡Cuál cruda! Así que no hay pretexto, sea de mañana, noche o madrugada, en Los Chupacabras les espera un buen atascón.

AUNQUE EL TACO ESTRELLA ES EL CHUPAS, EL DE SUADERO ES BASTANTE RESPETABLE

DATO CURIOSO

Los Chupacabras no siempre fueron un lugar establecido; hace años era un puesto callejero, por lo que tenías que sentarte en la banqueta. Pero los tiempos cambian... por suerte, el sabor no. Pd: Este producto es altamente delicioso, consúmalo con responsabilidad.

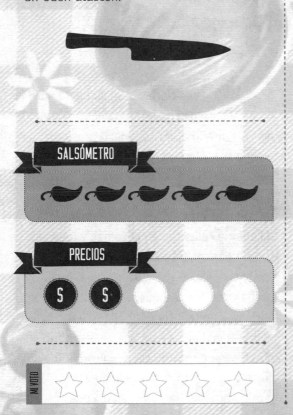

SALSÓMETRO

PRECIOS

$ $

MI VOTO

LOS TLACOYOS LUCY

EN EL PUEBLO DE SANTA FE (LA ANTIGUA,
LA POPULAR, NO LA DE LOS GRANDES EDIFICIOS),
HAY UN LOCAL CON UNOS TLACOYOS QUE PUEDEN SER
EL ORIGEN DE LA FELICIDAD ETERNA.

★★★★

DIRECCIÓN

Primavera 56, colonia
Santa Fe, Álvaro
Obregón.
Pregunten por el
mercado Santa Fe,
y está a la vuelta.

HORARIO

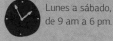

Lunes a sábado,
de 9 am a 6 pm.

El alma de estos tlacoyos se distingue porque
no es a base de frijoles ni requesón, sino
de un guisado al gusto: hongo, chicharrón,
pollo o res. ¡Una maravilla! El tamaño es de
antología: 30 cm; es decir, más grandes
que los tlacoyos normales. Su preparación
también es diferente, ya que primero los
rellenan y calientan en el comal, y luego los
fríen. Como podrás paladear, el resultado
es formidable. Y aún falta el toque final:
un baño de frijoles, queso y cebolla. ¿No se te
abrió el apetito? ¡No por nada a diario acu-
den 500 godínez a este puesto que abrió sus
puertas hace más de veinte años! La mayoría
viene por el tlacoyo especial, que es el tlacoyo
gordo entre los tlacoyos gordos, pues está

relleno de todos los guisados; toditos, junti-
tos sólo para ti, garnachero. Son gorditos y
pachoncitos, como un bebé envuelto al que
te quieres comer a bocados.

Abusados: también hay quesadillas
y sopes muy ricos, los cuales tapizan de
queso fresco derretido. Dátelos, garnachero.

¿Pensabas que en Santa Fe sólo había
oficinas, centros comerciales y restaurantes
light? Pues no, siempre nos quedará
un oasis.

EL TLACOYO
ESPECIAL

DATO CURIOSO

Estos tipo de tlacoyos
nacieron en el pueblo
de Santa Fe diferentes
a los que conocemos,
más bien parecen
primos hermanos de las
quesadillas.
No esperes que Lucy
te sonría. Su especiali-
dad es hacer los mejores
tlacoyos del mundo,
no hacer amigos.

SALSÓMETRO

PRECIOS

$ $

MI VOTO

☆ ☆ ☆ ☆ ☆

CABEZA DE LOMO

Cabeza de lomo

OTROS

Patitas
Lengua
Cabeza
Manitas
Trompa

Cabeza

Cabeza
de lomo

Espaldilla

ESPALDILLA

Espaldilla con hueso
Espaldilla sin hueso
Cabeza de lomo
Codillo trasero corto
Pierna delantera

Manita

LOMO

Filete
Entrecot mariposa
Hueso de espinazo
Caña de lomo
Lomo con filete
Entrecot
Back Ribs

JAMÓN

Pierna sin hueso
Pierna con codillo
Jamón serrano
Codillo con perico
Codillo trasero
Pulpa
Aguayón

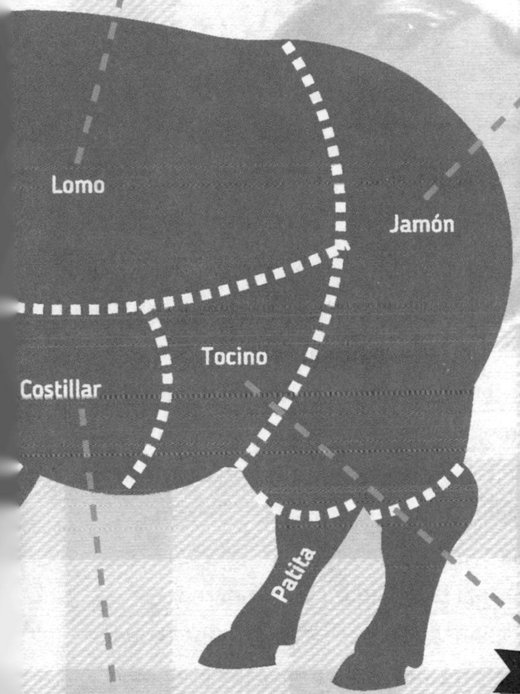

Lomo

Jamón

Tocino

Costillar

Patita

TOCINO

Panceta
Tocino
Tocino sin falda

COSTILLAR

Costilla cargada
Costilla rasurada
Costilla especial
Spare Ribs

Tacos Los Cocuyos

¿SABEN LO QUE SIGNIFICA PALADEAR UNO DE LOS SUADEROS MÁS CH*£S#?ES QUE EXISTEN? PUES VAYAN A LOS COCUYOS Y SE ENTERARÁN.

★★★★

DIRECCIÓN

Bolívar 56, Centro Histórico.
Muchas estaciones de Metro cercanas: Zócalo, Allende, San Juan de Letrán, Isabel la Católica...

HORARIO

Lunes a domingo las 24 horas, salvo de 5 a 7 am, que usan ese par de horas para asear el local.

En el Centro de CDMX, a un lado de la cantina La Tlaquepaque, están unos tacos bastante reconocidos por los más exigentes expertos: los Cocuyos. Son una verdadera maravilla porque abarcan toda la variedad de la cabeza: trompa, cachete, ojo, lengua, sesos, molleja y tronco de oreja; también hay de maciza, longaniza, suadero y campechanos. Garnacheros, ¿se los tengo que decir o ya lo dedujeron? ¡Es el olimpo de los tacos! El plus de este lugar está en la variedad de salsas: roja, verde y –algo sin par– guacamole con habanero, por si andan querendones de probar sustancias fuertes. Respecto a los tacos de cabeza, lo recomendable es comer el de piquitos, que es la parte

del cachete. Pero detengámonos y hablemos frente a frente, con la pura verdad: la estrella de este local es el suadero, ¡sin ninguna duda! Uno de los mejores de toda la ciudad, lo que no es poca cosa.

SUADERO CON SALSA DE GUACAMOLE CON HABANERO

⚫ DATO CURIOSO ⚫

El suadero, garnacheros, por si no sabían de dónde proviene (el real, no el de perro, no el de rata, no el de gato), hoy se los diré: del pecho y la costilla de la res. Quede esta revelación para nuestros distinguidos lectores.

SALSÓMETRO

PRECIOS

$ $ $

MI VOTO
☆ ☆ ☆ ☆ ☆

MACHETES DE LA GUERRERO

ESTE LUGAR ES UN GRANDES LIGAS,
UN *HOME RUN* CON LAS BASES LLENAS,
UN GOL QUE DA EL CAMPEONATO MUNDIAL,
UN "COME AHORA QUE MAÑANA
PODREMOS MORIR".

★ ★ ★ ★ ★

DIRECCIÓN

Calle de Lerdo 184, colonia Guerrero, muy cerca del Salón de Baile Los Ángeles. A ocho cuadras del metro Guerrero, y a dos de la Plaza de las Tres Culturas (Tlatelolco).

HORARIO

 Lunes a domingo de 9 am a 6 pm.

En una de las colonias populares más entrañables de la ciudad de México, la meritita Guerrero, pueden probar una insuperable quesadilla de se-sen-ta centímetros. Así es: dos reglas escolares en una obra de arte a base de maíz. A esas quesadillas les llaman "machetes", precisa-mente porque su forma se asemeja a esos peligrosos cuchillos para cortar hierba. Estos "Machetes" sólo te cortan la respiración nomás con verlos y son un invento de doña Marta Bernal, la mera dueña del lugar. Los rellenos son los obligatorios de toda quesadilla chilanga que se respete: queso, pollo, champiñones, chicharrón, flor de calabaza, picadillo... entre muchos otros que componen la gran variedad que ofrece este sitio. Si van con hambre, es muy recomendable el "Machete cubano", que es una mezcla de muchos guisados: huitlacoche, hongos, flor de calabaza, picadillo y queso. ¡Toda una comida corrida en una sola tortilla! Eso sí, tengan cuidado con la salsa roja, que es muy sabrosa, pero de chile de árbol.

EL MACHETE CUBANO

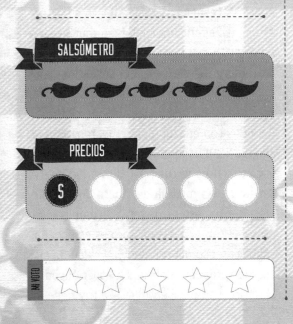

SALSÓMETRO

PRECIOS

$

MI VOTO ☆ ☆ ☆ ☆ ☆

DATO CURIOSO

De este barrio son varios famosos, como el internacional actor Cantinflas, Paquita la del Barrio y el cantante Saúl, del grupo Caifanes. Ahora atiende la hija de doña Martha y su hermano puso su negocio de "machetes amparito" cerca de este lugar.

ESQUITES DE TUÉTANO

A UNOS PASOS DE LA ESQUINA QUE FORMAN
EJE CENTRAL Y XOLA HAY UNA DE LAS CREACIONES MÁS
EXTRAÑAS Y RICAS QUE ENCONTRARÁS EN LA CIUDAD:
LOS ESQUITES DE TUÉTANO.

★★★★★

DIRECCIÓN

Eje 4 Xola esquina
con Eje Central, colonia
Narvarte.
Metrobús Centro
SCOP o a once cuadras
del metro Etiopía
y a nueve del
metro Xola.

HORARIO

Lunes a domingo,
de 7:30 a 10 pm.
OJO: sólo los
martes, jueves y sábado
sirven los de tuétano; los
otros días son de pollo.

En punto de las 7:30 de la noche, dos enormes cazuelas de barro hacen su acto estelar de aparición: contienen mucha felicidad. A esa hora, ni más ni menos, como costumbre inglesa, inicia el despacho de los aparentemente tradicionales esquites mexicanos, hechos con granos de elote hervidos con epazote. Sin embargo, aquí la singularidad es ¡que los sirven con tuétano! Para quien no lo conoce (¿de verdad no?), el tuétano es la médula del hueso de los animales, en este caso es de res. La combinación de esquites con el alma del toro es estupenda: el sabor carnoso del tuétano y el caldo de elote es una verdadera delicia. La especialidad es el Perico —no piensen mal—; se trata de una pata de res completa servida con limón, sal y chile, y desde luego, bañada con el caldo de esquite. ¿Se puede pedir más para conocer la gloria divina en plena Tierra? No por nada el lugar lleva poco más de 40 años vendiendo este mágico manjar, que lo encuentran en dos tamaños: vaso de medio litro y de a litro (si preguntan: "¿no hay uno más chico, de favor?", este lugar no es para ti).

Tomen nota que aquí viene la advertencia: hay que llegar con tiempo porque la fila es muy larga (la gente empieza a llegar incluso desde dos horas antes). Pero créanme, vale mucho la pena.

EL PERICO Y ESQUITES DE TUÉTANO

◄ DATO CURIOSO ►

Visualmente puede ser un poco raro por la forma y consistencia del tuétano, pero cuando lo prueban, tus papilas gustativas se liberan de todo mal terrenal. Es mejor que meditar, se los juro.

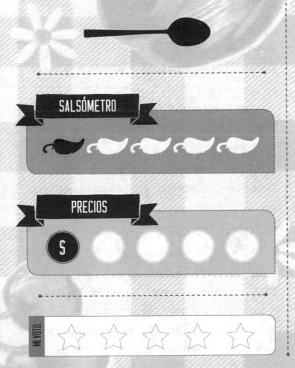

SALSÓMETRO

PRECIOS

$

MI VOTO

GORDITAS DE MIXCOAC

ESTE ES UN LUGAR LEGENDARIO Y BASTANTE RECONOCIDO POR EL *UNDERGROUND* DE GARNACHEROS DE LA GRAN CIUDAD. SIEMPRE SERÁS BIENVENIDO.

DIRECCIÓN

Giotto número 2 esquina con avenida Revolución, a un costado del metro Mixcoac.

HORARIO

 Lunes a domingo de 8 am a 12.30 am.

Están en el corazón de este viejo pueblo, famoso por su mercado y porque aquí nació Octavio Paz. Y como lo importante es la poesía, hablemos de la Taquería Hermanos Luna, que hace sublimes poemas en forma de gorditas; te enamoras de ellas a primera vista. Son poemas porque no son sólo las típicas de chicharrón prensado. Hay de otros dos ingredientes épicos: al pastor y suadero. Sí, leyeron bien: gorditas al pastor y de suadero. Hay que reconocer que son extraordinarias, muy bien servidas; la carne al pastor es excelente y el suadero... una cosa maravillosa, esplendorosa (cuando le proponga matrimonio a una de ustedes, garnacheras, no le voy a dar un anillo sino un kilo de suadero).

Son gorditas fritas (pero no se te escurre el aceite como coche de 1978) y se sirven con los aliados perfectos: cilantro y cebolla. Ah, algo muy importante: las salsas son muy buenas (en especial la roja) y no pican mucho. No obstante que las gorditas acaparan la atención, también hacen tacos de lengua, cabeza, longaniza, suadero, tripa y campechanos. ¡Qué tacos! ¡Un paraíso de tacos! Y para pasar el bocado hay aguas de horchata y jamaica, así como el tradicional tepache.

Garnacheros, el universo de las gorditas no termina en el chicharrón. Para comprobarlo, vengan a la Taquería Hermanos Luna, mejor conocidas como las gloriosas Gorditas de Mixcoac. Será un amor para toda la vida. Recuerden, si piden para llevar le sirven bastante rápido.

GORDITAS DE PASTOR Y SUADERO

☞ DATO CURIOSO ☜

Los dueños de este lugar son originarios de Santiaguito en el municipio de Arandas, glorioso por sus taqueros. Arandas y Santiaguito se disputan la corona de quién tiene más taqueros en todo México. El Borrego Viudo y los Tacos de Saltillo son parientes de estas célebres gorditas.

SALSÓMETRO

PRECIOS

$ $ ○ ○ ○

MI VOTO ☆ ☆ ☆ ☆ ☆

HORIZONTALES

1 Los más deseados por los crudos. Los hay rojos y verdes

6 Su día es el 2 de febrero

8 Agrupa todos los antojitos mexicanos

10 Es la salsa más consumida por los gringos, orgullosamente mexicana

12 Guapo embajador sexy de la comida garnachera

VERTICALES

2 Es invento de los texanos, y todo el mundo cree que es mexicano

5 Uy, de los chiles más picosos, directo desde Yucatán

8 De Hidalgo para el mundo, existe el mito de que la preparan con carne de perro

11 De pata, picadillo y tinga las más famosas

13 Hay de pollo y puerco, uno de los platillos más socorridos el 15 de septiembre

K	F	Z	M	C	J	L	Y	M	E	K	I	M	H	J	E	R
F	R	A	N	E	A	S	W	R	Z	X	Y	G	C	Y	Q	L
W	A	J	B	V	Z	L	U	H	W	C	D	K	A	B	U	Z
K	T	P	G	N	E	H	V	A	C	R	P	Y	R	W	T	T
E	E	A	N	O	B	F	Y	S	D	O	M	U	N	F	C	C
T	L	T	I	K	A	K	V	S	L	E	F	U	I	L	Q	B
S	U	A	P	F	C	A	I	Q	V	U	R	D	T	E	S	Z
I	H	P	N	A	I	J	U	P	O	P	R	O	A	N	A	V
B	C	T	D	K	S	V	J	N	O	J	V	O	S	G	R	L
Q	L	N	D	S	A	T	A	W	H	H	A	Y	O	U	R	E
K	U	H	A	C	W	H	O	O	M	N	E	C	V	A	A	L
O	G	X	F	N	C	V	K	R	A	S	T	G	F	F	C	S
V	T	I	F	E	A	T	M	A	C	M	N	V	F	U	H	J
E	V	J	P	Y	M	K	D	O	I	P	W	A	A	X	E	G
F	Y	M	C	Y	G	W	V	H	Z	D	B	H	S	Y	R	I
Y	A	T	R	I	P	A	R	Y	A	I	A	Q	H	M	A	K
C	A	V	J	A	J	C	K	K	A	D	C	X	G	N	A	Y

CARNES PARA GARNACHAS

Suadero	Maciza
Pata	Chuleta
Cabeza	Campechano
Pastor	Arrachera
Bistek	Carnitas
Tripa	Lengua
Nana	

TORTAS EL RECREO

HABLEMOS DE ATASQUES: NO PUEDES CONSIDERARTE
UN DIGNO GARNACHERO SI NO HAS IDO AL MENOS
UNA VEZ A LAS TORTAS MÁS GRANDES
DE LA CIUDAD DE MÉXICO.

★★★

DIRECCIÓN

Avenida del Recreo
150 esquina con
Callejón de Zapotla,
colonia Barrio
de Zapotla, delegación
Iztacalco. A un
par de cuadras de
las estaciones del
metrobús La Viga o
Coyuya.

HORARIO

Lunes a domingo,
de 9 am a 1 am.

En este lugar hallarás la torta más grande de la ciudad: las tortas El Recreo, las originales del Vaquita. Desde que abrieron el puesto original (tienen un local a unos pasos), ya son 60 años de servir este monumento garnachero: una torta de 30 kilos que podría alimentar y volver felices a 50 o 60 de ustedes. Está hecha con un pan de más de un metro de largo. El proceso de elaboración es una delicia: el enorme pan lo sazonan a fuego lento con mantequilla; después, lo convierten en una pista de patinaje con 3 kilos de queso manchego, lisito, delicioso. Acá viene lo más importante: el relleno es de carne adobada refrita. Como es debido en una buena torta, lleva cebollita, jitomate, mucho aguacate, chiles y montones de queso Oaxaca fresco. La conjunción de ingredientes es muy acertada. Regresemos al alma de esa majestuosa torta: la carne adobada está sazonada con orégano y aceite de oliva, lo que le da un sabor diferente y evita la indigestión (por si pensaban que 30 kilos lo provocan). Pero si, supongamos, no lograron reunir 50 glotones para compartir la megatorta, no se angustien porque pueden pedir la *jumbo*, que mide 40 centímetros aproximadamente, y tiene la grandiosa cualidad de que si se la terminan en una sentada, es gratis. ¿No despierta esto su instinto marrano? Todos los tamaños son voluminosos. Eso es importante que lo sepas porque la torta chica es suficiente para dos personas.

PARA TERMINAR ÉCHATE UNA AGUA DE FRESA, TAN ESPESA QUE PUEDES MASTICARLA.

DATO CURIOSO

El 30 de abril Vero prepara una megatorta y la regala a todos los niños. Hasta los Senadores y diputados de la República Mexicana han comido la megatorta, ya que sólo se prepara para banquetes o eventos especiales.

SALSÓMETRO

PRECIOS

MI VOTO

Las Auténticas Flautas de la Romero Rubio

OBVIO NO SON AQUELLAS CON LAS TOCABAS EL HIMNO A LA ALEGRÍA. NOS REFERIMOS MÁS BIEN A UN GÉNERO DE EXQUISITOS TACOS FRITOS DE CARNE.

★★★★

DIRECCIÓN

Cantón y Marruecos, colonia Romero Rubio, Venustiano Carranza. Frente al mercado, a seis cuadras del metro Romero Rubio.

HORARIO

De lunes a domingo de 8:30 am a 7:30 pm.

Ya son sesenta años desde que las flautas de la Romero Rubio fueron inventadas por el señor José Pimentel, abuelo del actual dueño, oriundo de La Piedad, Michoacán. Las de este local son de carne de res, las hay sencillas y especiales (con más carne deshebrada encima), y se sirven con la guarnición clásica: crema, queso, lechuga y salsa. La carne es doradita, muy rica, y la tortilla tiene la consistencia perfecta para este tipo de tacos: ni muy dura, ni muy blanda, de tal forma que conservan el interior intacto mientras las comes. La salsa es sensacional: de tomate con chile verde, no muy picosa, pero lo suficiente para darle un extraordinario sabor.

La gente las recomienda porque, además de ser ya una tradición en esta colonia, son preparadas de manera muy higiénica.

LA FLAUTA ESPECIAL

DATO CURIOSO

La familia Pimentel, dueña del local, asegura que a nadie que no sea de su sangre le comparten la receta secreta de la salsa verde, pues es una de sus armas secretas por lo cual las personas siempre regresan.

SALSÓMETRO

PRECIOS

MI VOTO

Tacos Las Muñecas

GARNACHEROS DE CUERPO Y ALMA,
TODOS LO SABEMOS: SI NOS GUSTAN LOS TACOS,
PUES ENTONCES AMAMOS
LOS TACOS GIGANTES, ¿NO?

★★★★★

DIRECCIÓN

Calle Toltecas, manzana 58, lote 4, colonia Pedregal de Santo Domingo, Coyoacán. El Metro Universidad te puede acercar, aunque todavía te queda un poco retirado. Referencia: a cuatro cuadras del famoso Mercado de la Bola.

HORARIO

Lunes a jueves de 6 pm a 6 am. Viernes, de 6 pm a 7 am. Sábado, de 5 pm a 7 am. Domingo, de 5 pm a 5 am.

Este privilegio lo podemos disfrutar en Taquería las Muñecas, un sitio famoso por servir tacos gigantes (20 centímetros aproximadamente), ya sean de tortillas de harina o de maíz. Esa es mi definición de un *verdadero placer*. La variedad de la carta es grande, aunque cuatro son las majestades: bistec, suadero, pechuga y, la especialidad, cochinita pibil. Desde luego, pueden ser combinados con queso y con cualquiera de los dos tipos de tortilla. Aunque el fuerte son los tacos, también sirven quesadillas y sincronizadas sencillas o con piña. Atención: preparan algo que todos los amigos de las bebidas mareadoras van a buscar para poder seguir la fiesta:

un guacamole hecho con mucho odio y rencor (¡ay, jijos, cómo pica!), pero de un sabor extraordinario que le da un plus a los tacos y te baja cualquier borrachera. Si les queda un huequito, también hay postres bastante buenos: pay de limón, queso o napolitano; gelatina mosaico, flan y arroz con leche. Como pueden percibir, es un local bastante surtido y con horario nocturno, por lo que no hay pretexto para no ir.

LOS TACOS ESTRELLA SON EL DE BISTEC CON QUESO EN HARINA Y EL DE COCHINITA PIBIL

DATO CURIOSO

El nombre de este negocio surgió porque hace muchos años, en un grupo de personas que iban a cenar de madrugada, había uno al que le decían "el Muñeco", y pronto todos fueron reconocidos como "los Muñecos". Luego la dueña fue apodada de esta manera, y después también el local.

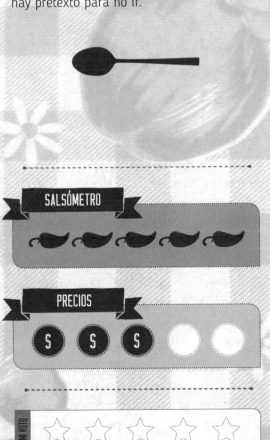

SALSÓMETRO

PRECIOS

MI VOTO

Tostadas La Chaparrita

SI NO SOPORTAN QUE LES SIRVAN
UNA TOSTADA RAQUÍTICA, POBRETONA,
FLACUCHA... ACÁ LES TRAIGO LA SOLUCIÓN
A SUS DECEPCIONES.

★★★

DIRECCIÓN

Mercado de Coyoacán,
entre Malitzin y
Abasolo, Coyoacán.
Aunque no están
cerca, desde los metros
Coyoacán o Miguel
Ángel de Quevedo se
puede llegar.

HORARIO

Jueves a domingo,
de 10 am a 6 pm.

Café El Jarocho:
Cuauhtémoc 134 esquina
Allende, Coyoacán.
Domingo a jueves, de 6
am a 1 am, Viernes y
sábado, de 6 am a 2 am.

El centro de Coyoacán es un lugar legendario por su catedral (una de las primeras de la ciudad), su plaza, sus cafés llenos de intelectualones y, desde luego, su mercado, donde se encuentran unas tostadas que te harán perder la cabeza: La Chaparrita, y las hay de todo: las tradicionales de pata de puerco, pero también de tinga, mole, cochinita pibil, bistec, salpicón, ceviche, picadillo, atún y ¡de camarones! Son tostadas grandes y excelentemente bien servidas, y se acompañan con unas salsas muy ricas: cebolla morada con habanero, pepino y limón o jalapeño con mayonesa, salsa verde normal y de cacahuate y chile verde (muy picosa). En cuanto a las tostadas, se sirven con crema,

aguacate y lechuga. Algo muy característico es que llevan bastante aceite de oliva creado por las señoras de este lugar, lo cual les da un sabor único. Son todo un manjar y no tienen que ir a la playa para comer un buen bocado de mariscos frescos. Después de las tostadas pueden darse un paseo por la plaza o ir por un café al legendario El Jarocho, que tiene más de 60 años.

LA DE PATA, DE CAMARONES Y LA DE CEVICHE NO TIENEN DESPERDICIO

DATO CURIOSO

¿Medio siglo de preparación de este antojito mexicano es poco? ¿Verdad que no?, entonces no desesperen si tardan un poco en encontrar lugar para deleitar estas tostadas.

SALSÓMETRO

PRECIOS

MI VOTO

TACOS SARITA

SI HAN LLEGADO EN AVIÓN A LA CDMX,
SEGURAMENTE LOS HAN OLIDO DESDE LAS ALTURAS,
LOS SABOREAN, LOS IMAGINAN. SÍ, GARNACHEROS,
LOS MEJORES TACOS DE GUISADO.

★★★★

DIRECCIÓN

Calle 5 núm. 74,
esquina Avenida 8,
colonia Valentín
Gómez Farías.

HORARIO

Lunes a
sábado,
de 8 am
a 3 pm.

Los conocen como "Los de la 8" y desde hace 35 años son comandados por la señora Reina. Paren bien la oreja, afilen la mirada, preparen el paladar: aquí encontrarán ¡más de 50 guisados preparados cada día! Cerdo, pollo y res en todas las presentaciones que se imaginen: cochinita pibil, chicharrón en chile verde, salchicha en jitomate, alambre, papas con chorizo, chicharrón prensado, manitas en salsa verde, y muchos, muchos etcéteras. ¿Pero saben algo?, su as bajo la manga son los tacos de milanesa, una verdadera maravilla. Además, hay siete clases de salsa para acompañar, desde las típicas taqueras, verde, roja y guacamole, hasta otras más selectas, como la de aceite con chile de árbol y aceite con habanero. Muy sabrosas pero muy picosas, así que aguas. Aquí no existe algo que no se les vaya a antojar a la hora que lo vean, ya sean carnívoros o vegetarianos, pues también hay guisados como rajas con queso.

Eso sí, lleguen temprano porque está hasta el copete; si llegan tarde, corren el terrible riesgo de ya no encontrar los de milanesa, que son los primeros que se acaban. Así que ya saben, si andan por el aeropuerto de la Ciudad de México, dense una vuelta a "los de la 8".

TACOS
DE MILANESA

DATO CURIOSO

A diferencia de muchas taquerías, aquí abren temprano, por lo que pueden ir a desayunar. Siéntense afuera para sentir todo el folclor mexicano.

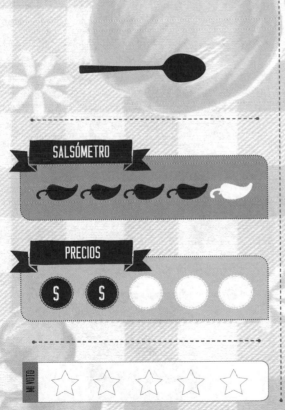

SALSÓMETRO

PRECIOS

$ $

MI VOTO ☆ ☆ ☆ ☆ ☆

PIERNA

Pulpa larga
Pulpa negra
Pulpa bola
Chambarete
   de pierna

LOMO CORTO

Roast beef
Sirloin
Aguayón
Cabeza de filete
Caña de filete
Medallones de filete
T-Bone
New York

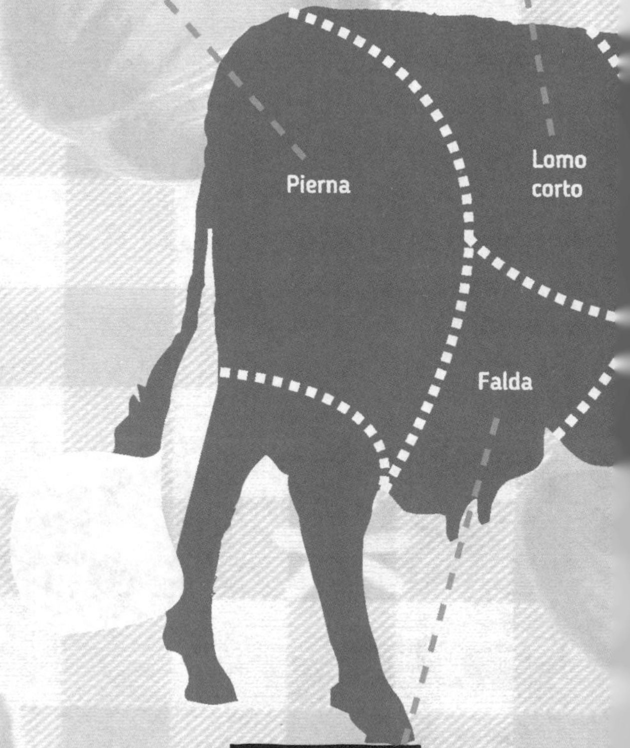

Pierna

Lomo
corto

Falda

FALDA

Fajita
Aldilla
Falda
Suadero

CHULETÓN

Rib eye roll
Costilla de rib
Rib eye lip
Punta de lomo
Chuletón

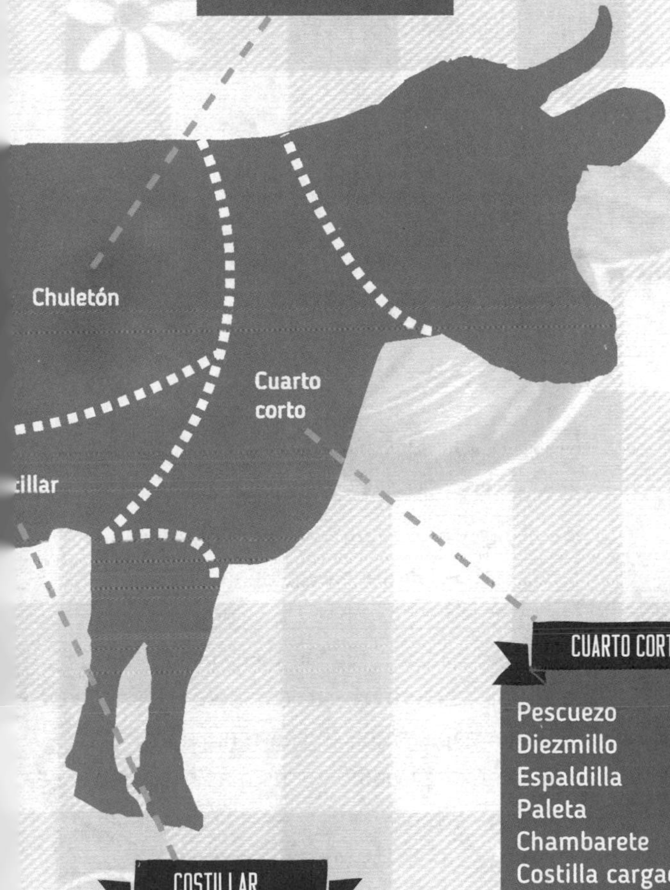

Chuletón

Cuarto
corto

cillar

CUARTO CORTO

Pescuezo
Diezmillo
Espaldilla
Paleta
Chambarete
Costilla cargada
Pecho

COSTILLAR

Arrachera
Suadero
Flecha
Costilla corta
Costilla aguja

Tacos de Perisur

SI CREÍAN QUE ES IMPOSIBLE GARNECHEAR
EN PLENO PEDREGAL DE SAN ÁNGEL,
ES PORQUE NO HAN IDO A ESTOS TACOS.

★★★

DIRECCIÓN

Debajo del puente de Zacatépetl y Periférico Sur, enfrente del centro comercial Perisur, a unos pasos de la iglesia La Esperanza de María. Metrobús cercano: Perisur.

HORARIO

De 8 am a 5:30 pm.

Se conocen con este nombre porque están muy cerca del centro comercial Perisur. Es el puesto más *underground* que puedan imaginarse, porque se encuentra debajo de un puente peatonal. La recompensa vale por diez el recorrido; son tacos de canasta con una sazón muy particular y una variedad grande: papa, frijol, chicharrón, papas con chorizo, picadillo... y los más codiciados: cochinita y mole verde. Hay que decir que son riquísimos, los guisados excelentes y, además, son un poco más grandes que los tacos de canasta comunes. Para aderezarlos cuentan con la clásica salsa verde con cebolla y chiles en escabeche. Entonces, ya saben, ya sea que vayan o vengan por estos rumbos sureños (Tlalpan, Ciudad Universitaria, Pedregal de San Ángel), no pueden dejar de pasar a los tacos del puente de Perisur.

COCHINITA Y MOLE VERDE

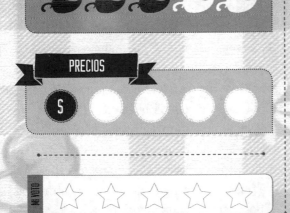

SALSÓMETRO

PRECIOS

$

MI VOTO

☆ ☆ ☆ ☆ ☆

DATO CURIOSO

Es un lugar muy concurrido porque es de paso, y es como el changarro de las casas ricas del Pedregal. Si van en coche, estaciónenlo cerca del Bosque de Tlalpan o en Perisur, para no sufrir con la grúa.

HAMBURGUESAS A LA PARRILLA

PASAJEROS DE LA RUTA DE LA GARNACHA, ¿QUIÉN MEJOR QUE LOS MEXICANOS PARA HACER NUESTRO UN PLATILLO QUE NO NACIÓ EN NUESTRA CULTURA? NADIE.

★★★★

DIRECCIÓN

Colima esquina Morelia, colonia Roma. Politécnico: frente al plantel de Zacatenco. Cuitláhuac: Eje 3 Norte esquina con Nueces, afuera de Soriana.

HORARIO

Lunes a domingo, de 11:30 am a 3 am.

Estas fabulosas hamburguesas nacieron en el seno del Instituto Politécnico Nacional, pero desde hace más de 20 años llegaron a la colonia Roma. Son las clásicas del carrito naranja. Aquí las preparan al carbón (es el toque de la casa), y las hay sencillas, con queso, doble queso, con piña y con todo lo anterior junto. Aunque no hay mesas dónde sentarse, el sabor de la carne hace que te olvides del mundo. No son muy grandes, por lo que alguien de buen comer puede consumir dos sin mayor problema; desde luego, la calidad en este caso lo suple todo. Hay que decir que la fama de estas hamburguesas es grande y que hay otros dos sitios, uno en Cuitláhuac, y otro precisamente frente al Politécnico, el original. ¿Pensabas que allá sólo se iba a aprender ciencia y tecnología? ¡Pues no!

DOBLE
QUESO PIÑA

SALSÓMETRO

PRECIOS

MI VOTO

DATO CURIOSO

Para que se te quede el ojo cuadrado, debes saber que en el Politécnico inventaron una hamburguesa alta en fibra para prevenir el insomnio, a la que llamaron "Colorinesa", debido al conjunto de flores que la componen. ¿Puedes creerlo?

Los Especiales

GARNACHEROS, SI VEN UNA BICICLETA DE PANADERO, CON ARMATOSTE EN LA PARTE TRASERA CUBIERTO DE HULE AZUL CLARO Y DOS JARRONES A SUS COSTADOS, SABEN DE QUÉ ESTAMOS HABLANDO.

★★★★

DIRECCIÓN

Francisco I. Madero 71, Centro Histórico.
A unos pasos del Zócalo.
No hay pierde.

HORARIO

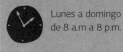

Lunes a domingo de 8 a.m a 8 p.m.

En pleno Centro Histórico de la Ciudad de México, en la calle de Madero, a unos pasos del Zócalo, hay un recinto garnachero que se llama Los Especiales. ¿De qué se trata? ¡Tacos de canasta! Sí, señoras y señores, son unos tacos muy famosos; la enorme cola que está a la entrada es la prueba. Esta taquería se ha hecho de una rápida reputación, ya que apenas lleva cinco años en funciones, y es un éxito total. Al ordenar nos damos cuenta del porqué: son unos tacos de buen tamaño (dos tacos son uno), no escatiman en el relleno y, para aderezarlos, lechuga –sí, suena raro, pero es verdad–. La variedad es la clásica: papa, frijol, lomo, mole verde y chicharrón, y el plus se lo da un guacamole muy rico, así como unos chilitos en escabeche magníficos. Los tacos de Los Especiales cumplen con la máxima mexicana garnachera: buenos, bonitos y baratos. También diré una verdad: la propia demanda ha hecho que descuiden un poco, sólo un poco, la calidad, para que después no me anden reclamando, garnacheros. Pero de que tienen que entrarle, no hay duda.

Así que ya saben, si están paseando por el Centro, luego de visitar la Catedral Metropolitana y las ruinas del antiguo Templo Mayor, pueden ir a Los Especiales.

TACOS DE CARNERO EN ADOBO

☜ DATO CURIOSO ☞

Es raro que los tacos de canasta se coman en un local establecido; lo usual es que uno los coma parado en la calle, junto a la tradicional bicicleta.

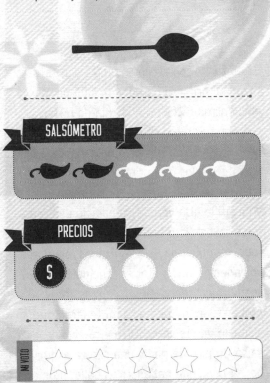

SALSÓMETRO

PRECIOS

$

MI VOTO ☆ ☆ ☆ ☆ ☆

MÍSTER TACO

HACE 20 AÑOS, RAÚL MÁRQUEZ COLGÓ
LAS LLAVES DEL TAXI PARA EMPRENDER
EL NEGOCIO DE LOS TACOS. Y NO SE ARREPINTIÓ,
PORQUE HOY LOS DE SU PUESTO SON
MUY POPULARES.

★★★★

DIRECCIÓN

Laura Méndez de Cuenca (sin número) entre Manuela Medina y Rosario Castellanos, colonia Culhuacán, Coyoacán. Cerca de donde juega y entrena el famoso equipo de futbol americano Los Cherokees.

HORARIO

Lunes a sábado, de 9 am a 2 pm.

Estos tacos son recomendables por muchas razones; primero por la variedad, porque encuentras tacos a la parrilla de bistec, costilla, pechuga, chuleta ahumada y choriqueso, pero también de canasta (son su fuerte y los que primero se terminan): frijol, papa, chicharrón, adobo, mole verde y picadillo. ¡Un verdadero palacio dedicado a los tacos! Pero aún no han escuchado todo; también hay sincronizadas, alambres, volcanes de queso, tortas, enchiladas y costillas en adobo. Sí, no es mentira, y para probar todo lo que hay aquí tendrán que visitarlo varias veces. Otro atractivo es la salsa de pico de gallo, una rareza exquisita hecha con chile habanero, cebolla, jitomate, aguacate y queso panela. Pero si les gustan los picores con cuerpo, éntrenle a los chiles en escabeche, muy ricos.

DATO CURIOSO

A Raúl Márquez nadie lo conoce como Míster Taco sino como el Bigos, por su estrepitoso mostacho. Cuenta don Raúl que, en un principio, les pagaba a paleros para que comieran en su local, pero hoy la gente tiene que hacer cola.

SALSÓMETRO

PRECIOS

MI VOTO

DE MÉXICO PARA EL MUNDO

GARNACHEROS, NADA MÁS ÉCHENLE UN OJO A ESTAS HIPOTÉTICAS SITUACIONES: LA COCINA ITALIANA SIN JITOMATE (O TOMATE, ESTÁ BIEN), LOS BELGAS SIN EL CHOCOLATE, LOS ESPAÑOLES SIN ALUBIAS, LOS GRINGOS SIN GUAJOLOTE EN EL DÍA DE ACCIÓN DE GRACIAS NI GUACAMOLE PARA EL SUPERBOWL, ASÍ COMO LA PASTELERÍA FRANCESA SIN LA VAINILLA. ¡EL MUNDO COLAPSARÍA! LA GASTRONOMÍA DE MEDIO PLANETA ES POSIBLE GRACIAS A LA APORTACIÓN QUE HIZO MÉXICO CON SUS INGREDIENTES. ¡CÓMO CHG7#@DOS NO! ACÁ LA LISTA DE LOS ESENCIALES:

CACAO (CHOCOLATE)

El postre máximo: el chocolate. Los españoles quedaron maravillados con este tesoro. Tanto, que lo mandaron casi de forma inmediata a las cortes europeas para que fuera deleitado en todos los castillos. Hoy en día no hay país donde no se consuma chocolate.

MAÍZ

El rey de reyes: el maíz, que no sólo llegó a Europa sino también a África, donde hasta el día de hoy es común encontrar algunos platillos con él.

VAINILLA

Una de las plantas más olorosas del mundo: la vainilla, originaria del norte de Veracruz, es la voz cantante en cientos de postres. Francia y sus postres nos lo agradecen.

AGUACATE

¿Aguacate dijeron? Puro orgullo mexicano que ha llegado a las mesas de medio planeta, en especial a las de los gringos, que sin guacamole no pueden ver el Superbowl.

JITOMATE

¿Qué es rojo por fuera, rojo por dentro y es la base de la comida italiana? ¡El (ji)tomate! Y no hablemos de los catalanes y su pan tomate...

CHILES

¿Saben por qué en Oriente tienen también comida picosa? Porque la Nao de China llevaba desde Acapulco hasta aquellas tierras algunas de nuestras decenas de tipo de chiles.

FRIJOLES

Frijoleros nos llaman los gringos. ¡A mucho orgullo! Pueden llamarles judías, habichuelas o porotos, pero nunca dejarán de ser mexicanos.

GUAJOLOTE

Hablando de gringos, ¿qué sería de ellos en su Día de Acción de Gracias sin nuestros benditos guajolotes? ¿Qué del resto del mundo sin comer un rico pavo?

TORTAS EL CHATÍN

TODO TAXISTA DE LA CIUDAD DE MÉXICO
LES DARÁ REFERENCIA DE ESTE SITIO.
SI LE PREGUNTAN Y NO SABE, PÍDANLE A DIOS
QUE SE LO LLEVE.

★★★★

DIRECCIÓN

Calle 18 de Julio
(lateral del Viaducto
Miguel Alemán),
número 17, entre
Avenida Patriotismo
y Avenida Revolución.
Muy cerca del Borrego
Viudo.

HORARIO

Lunes a domingo,
de 9 am a 9 pm.

En algún lugar de la lateral del Viaducto Miguel Alemán se encuentra un puesto de tortas muy particular, gracias a sus ingredientes y preparación. Es distinto, porque en El Chatín venden una especialidad que está a la mitad entre una torta y una hamburguesa. ¿Cómo es esto? Pues es una torta muy grande de milanesa, pierna y quesillo, pero la primera está preparada como para una hamburguesa: tiene el mismo tamaño y forma, y está elaborada con carne molida. Además, los ingredientes extra también son los típicos de una hamburguesa: chiles jalapeños, catsup y mostaza; no lleva verdura. El resultado es memorable porque la carne molida y el quesillo dan una

sensación de suavidad, pero el pan
y la pierna imponen la consistencia de la
torta. Los frijoles no son lo mejor, pero los
chiles hechos ahí mismo nos recuerdan por
qué este local sigue en pie deleitando a sus
comensales después de más de medio siglo.
Por otra parte, la "Torta Caldo" es una
bomba de proteína que lleva jamón, huevo
y quesillo. Y hay más: un hot dog enorme
al que le ponen dos salchichas y mucho,
mucho, mucho quesillo (hay gente que con
uno de éstos queda bien). Algo a tomar
en cuenta es que las proporciones son
grandes, por lo que es frecuente
que una sola torta la compartan dos
personas. Pero uno nunca sabe:
el hambre es el hambre.

"LA CLÁSICA"

DATO CURIOSO

Cuando iniciaron
–en 1964– estaban
ubicados en la esquina
de Revolución y lateral
de Viaducto, pero se
mudaron porque les
pidieron el local.

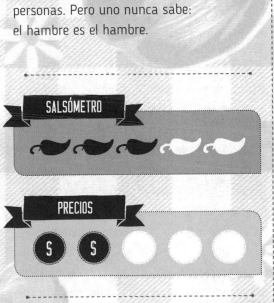

SALSÓMETRO

PRECIOS

MI VOTO

FRITURAS ROY

CHANCHO, PUERCO, COCHINO, MARRANO, CERDO...
DILE COMO QUIERAS, GARNACHERO,
QUE ESO NO IMPORTA CUANDO
DE CARNITAS SE TRATA.

★★★★

DIRECCIÓN

José Morán 62, colonia San Miguel Chapultepec.
A cuatro cuadras del metro Juanacatlán y a dos del metrobús José Vasconcelos.

HORARIO

Martes a viernes, de 10 am a 3 pm. Sábado y domingo, de 10 am a 2 pm.

Cuando uno escucha frituras, se imagina algún tipo de churrumais o chicharrones fritos, porque de ahí proviene el término, pero en realidad Frituras Roy lo que ofrece, desde hace tres décadas, son unas riquísimas carnitas. Desde luego, hay toda la diversidad conocida: maciza, buche, nana, lengua, cachete, cuerito, trompa y chamorro, aunque lo más pedido es la espaldilla y la costilla (claro está que se pueden pedir combinados, uno de maciza con cuero, o uno de buche con nana). Debo confesar que son excelentes, la carne es de primera y los tacos son grandes, con dos tortillas. Algo muy especial es la salsa hecha con tres chiles: cuaresmeño, mora y árbol, muy sabrosa y no pica tanto. Para coronar nuestro taco, un poco de cebolla con habanero, y ¡ámonos! ¡Oh, Dios! Nunca vuelvan a decir que las grandes carnitas sólo se encuentran en Michoacán, porque también aquí en la Ciudad de México se pueden comer.

Si les quedó un huequito, hay quesadillas fritas y también se puede comprar chicharrón y longaniza por kilo. ¿Algo más? ¡Van!

TACOS DE COSTILLA Y DE ESPALDILLA

◄ DATO CURIOSO ►

Son bastante socorridos, ya que no sólo los visita gente de la San Miguel Chapultepec sino de muchas partes, por lo que se acaban rápido.

SALSÓMETRO

PRECIOS

$ $ ○ ○ ○

MI VOTO ☆ ☆ ☆ ☆ ☆

LA PIRATA

PORQUE NO SÓLO DE GARNACHAS VIVE EL GARNACHERO, ACÁ TENEMOS UNA OPCIÓN PARA DELEITAR EL ALMA.

★★★

DIRECCIÓN

Calle 12 de Diciembre
esquina con
13 de Septiembre,
colonia Escandón.

HORARIO

Lunes a sábado,
de 9 am a 8 pm.

El pulque es una bebida milenaria que nuestros antepasados prehispánicos tomaban para entrar en contacto con los dioses. Se ha calculado que en Apan, Hidalgo, ya se ingería pulque 400 años antes de Cristo. ¿Se imaginan? Por eso es una experiencia que algo tiene de místico. Y para quien no lo conoce, el pulque es una bebida hecha de fermentación del aguamiel (un extracto del maguey), y posteriormente se le puede añadir sabor, proceso al cual se le llama *curado*. Ahí en La Pirata los curados son lo bueno, lo chido; de mandarina (con chile y limón), de pistache y el de avena: rico, nutritivo y servido con canela. Hay que decir que es un pulque bien hecho (es común que en otras pulquerías no lo preparen como es debido) y tiene la consistencia perfecta: espeso pero no hebroso ni cortado (un pulque curado después de 3 días ya no sirve). Para que no les *pegue* como pata de mula, en La Pirata sirven botana generosa: tacos de moronga o de pata de puerco.

El ambiente es totalmente urbano, hay una pequeña rocola por si llegan nostálgicos y quieren llorar con Vicente Fernández o Joan Sebastian. También encuentran gente muy peculiar, como un señor que ha bebido pulque a diario en ese sitio durante sesenta años. La atmósfera te regresa al D.F. de antaño y es famoso porque ahí se han grabado videos y reportajes, debido a su ambiente de barrio.

CURADO
DE AVENA

◄ DATO CURIOSO ►

Todavía en el siglo XX, el pulque era la bebida más común entre las personas aficionadas a un buen trago, pero cuando llegaron las grandes empresas cerveceras inventaron que el pulque se fermentaba con excremento de animal o de humano, mito que aún muchos toman por cierto. **Falso**, garnacheros.

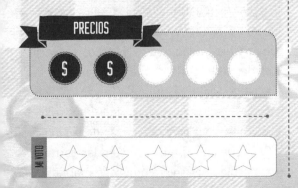

PRECIOS

MI VOTO

Los Compaches

EN EL CASCO DE SANTO TOMÁS, EN EL CORAZÓN DEL INSTITUTO POLITÉCNICO NACIONAL, ENCONTRARÁN UNO DE LOS PUESTOS DE TACOS MÁS PICUDOS QUE HAYAN VISITADO EN SU VIDA: LOS COMPACHES.

★★★★

DIRECCIÓN

Calle Plan de Ayala 34, Santo Tomás. Cerca del metro Colegio Militar.
El otro local está en Avenida de los Maestros casi esquina con Calzada de los Gallos, junto a la Vocacional 11.

HORARIO

 Lunes a sábado, de 8 am a 5 pm.

Llamado así por el término que crearon sus dueños, oriundos de Ciudad Nezahualcóyotl, para identificarse con los visitantes: "¡Quiubo, compache!". Su fama está justificada: hay de carne enchilada, chuleta, bistec con papas, campechano y alambre. ¿Y saben algo? Son exquisitos. Y aunque sólo hay tres salsas (guacamole, salsa roja y pico de gallo), son muy buenas. Este sitio tiene una particularidad: todos los tacos se sirven con dos tortillas de harina y queso en medio, lo cual los hace bastante sustanciosos. Pero además se sirven con unos riquísimos frijoles de la olla, nopales y rebanadas de pepino. ¿Qué esperan? Si no les gustan las carreras de ingeniería petrolera o biólogo marino, pues pueden darse una vuelta al Politécnico por unos extraordinarios tacos.

Como los estudiantes siempre están bien erizos, los precios son muy accesibles y hay promociones, que son válidas para todos, porque como dice un lema en el Politécnico Nacional: ¡Hay que servir a la patria!

NO DEJEN PASAR EL CAMPECHANO

DATO CURIOSO

Hay una relación muy estrecha entre la taquería y la comunidad del Politécnico: los hijos de los dueños juegan en las Águilas y los Burros, y es casi como el comedero familiar de la institución.

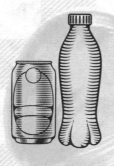

SALSÓMETRO

PRECIOS

$

MI VOTO

PIXZAS MEXICANAS

A VER, GARNACHEROS,
¿CÓMO PRONUNCIAMOS REALMENTE: *PIZZA* O *PIXZA*?
¡*PIXZA*! ¿CIERTO? PORQUE *PIXZA* SIGNIFICA
RESPONSABILIDAD SOCIAL.

★ ★ ★ ★ ★

DIRECCIÓN

Liverpool 162, colonia Juárez –a dos cuadras del metro Insurgentes y del metrobús Glorieta de Insurgentes–, y Córdoba 234, colonia Roma –a dos calles del metro Hospital General–.

HORARIO

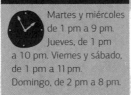 Martes y miércoles de 1 pm a 9 pm. Jueves, de 1 pm a 10 pm. Viernes y sábado, de 1 pm a 11 pm. Domingo, de 2 pm a 8 pm.

Así como le hemos dado a esta comida italiana nuestro peculiar estilo, así también existe en la Ciudad de México un lugar que vende pizzas con puros ingredientes mexicanos. ¿Habían pensado en una pizza de barbacoa o de carnitas, con la base hecha de maíz azul? Pues ahí las encuentras y la variedad te va a dejar con la boca abierta: rajas poblanas, zetas bañadas en mantequilla con chile pasilla, chorizo rojo o verde con crema de rancho y papas con chorizo. Algo muy peculiar de este sitio es que el menú es rotativo, cambia todos los días, por lo que siempre estás probando cosas diferentes. El dueño afirma que la idea surgió al mezclar la base tradicional de la pizza –masa, queso y salsa de tomate– con los ingredientes garnachosos de la comida mexicana.

La inventiva que encontramos en este lugar es de verdad muy atractiva: por ejemplo, "la Romántica" es de cochinita pibil, cebolleta y jugo de toronja; "la Comisario", de chile poblano relleno de picadillo, y "la Mal Amarrada", que lleva tamal cambray con carne de cerdo y chile morita. Pero lo más importante de estas *pixzas* no son todas esas combinaciones exóticas, sino una más humana, de iniciativa social: hay una serie de programas que, en coordinación con albergues, por cada cinco rebanadas que ustedes compren, garnacheros, ayudan a personas con problemas de adicciones o con carencias alimentarias; además, se les da desde empleo en la pizzería hasta ayuda para encontrar hogar. Entren a su página: pixza.mx, y que nuestra gordura ayude a otros. Bueno, ¿necesitan más? En las pixzas comen y ayudan.

LA ESPECIALIDAD CAMBIA TODOS LOS DÍAS

DATO CURIOSO

Las aguas también son creaciones locales, y encuentras maravillas como agua de jamaica con mezcal.

Los domingos entregan las rebanadas recaudadas durante la semana; pueden acompañarlos, pregunten al mesero para más información.

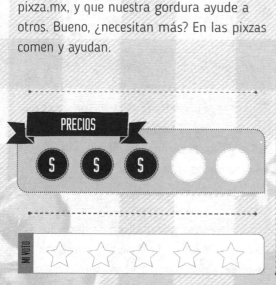

PRECIOS

$ $ $

MI VOTO ☆☆☆☆☆

LOS MILANESOS

TACO QUE NO CIERRA Y NO TIENE DOS TORTILLAS, NO ES TACO. GARNACHEROS, EL PARNASO DEL EMPANIZADO PUEDE SER DE USTEDES.

★★★★

DIRECCIÓN

Calle Glaciar casi esquina Francisco de la Masa, colonia Olivar de los Padres. No hay un metro cercano. Están casi frente al Centro Libanés Alfredo Atala.

HORARIO

Lunes a sábado, de 7 am a 4:30 pm.

Para continuar con los maravillosos y nutritivos tacos, aquí en plena Ciudad de México pueden comer unos tacos espectaculares: ¡tacos de milanesa! Para los que no lo saben, la milanesa es carne (res, cerdo, pollo, pescado), freída con una cama hecha de un compuesto de pan, huevo, leche y pimienta. Generalmente, la milanesa es de res, pero con el tiempo, esto se ha extendido al pollo, al cerdo y, de hecho, a cualquier tipo de carne frita con esta piel crujiente. Los tacos de este puesto son muy socorridos, sobre todo los de milanesa de pollo y los campechanos –que no son de dos tipos de carne, sino una delicia de res, queso derretido y jamón– porque están bien servidos, llevan dos tortillas –como el Dios del taco manda– y les ponen una ración muy generosa de exquisitos frijoles, lo cual los vuelve una verdadera ricura. Cada taco corresponde a una porción grande de carne, por lo que dos son más que suficientes para una comida completa. Hay que darle mucho crédito a la salsa, que es muy brava y hecha bajo la salvaje combinación de cuaresmeño con habanero, aunque en realidad está muy rica.

TACO CAMPECHANO (MILANESA, JAMÓN Y QUESO)

☞ DATO CURIOSO ☜

La milanesa la hacen al momento, lo que le da a la carne una especial frescura y consistencia crujiente. **OJO:** no hay donde sentarse pero un buen garnachero sabe que los tacos se disfrutan mejor parados.

SALSÓMETRO

PRECIOS

$ $

MI VOTO ☆☆☆☆☆

Tacos La Morena

SI LE SOPLARON Y LES TOCÓ DORMIR
DONDE LA CRUDA SE BAJA, NO SE PREOCUPEN,
AL SALIR LOS ESPERA UN TEMPLO
DEL BUEN COMER.

★★★★★

DIRECCIÓN

Lago Gascasónica 111, cerca del Torito de Tacuba, colonia Huichapan. Cerca del metro Tacuba.

HORARIO

 Lunes a sábado, de 8 am a 2:30 pm.

A media cuadra del famoso Torito (donde muchos que se excedieron de copas pasan una noche de arrepentimiento), en el barrio de Tacuba, se encuentran unos tacos bastante famosos: La Morena. Y es que son más de 70 años durante los que este local ha deleitado con los mejores tacos de la zona. Primero fue la bisabuela del actual dueño (la señora Durán), después la Morena (Soledad Cabrera), posteriormente, el padre, y ahora es la tercera generación de maestros en el arte del taco. El lugar es bastante singular porque su especialidad son las vísceras: riñón, hígado, tripa y las combinaciones que surgen a partir de ellas: riñón o hígado con longaniza, o tripa con suadero, todos preparados con tortillas de maíz recién hechas en el comal. Son tacos enormes, con doble tortilla, la víscera es suave (aunque su consistencia generalmente es dorada) y la salsa roja es, de verdad, excepcional, tiene algo especial que le da un sabor único. Así que ya saben, si los atoraron en el Torito y los polis no les dieron de cenar, sólo tendrán que caminar una cuadra para disfrutar estos deliciosos tacos.

TACO DE RIÑÓN CON LONGANIZA

☞ DATO CURIOSO ☜

La Morena conserva la vieja tradición de los tacos de vísceras, muy nutritivos y ricos, que poco a poco se han ido sustituyendo por otro tipo de carne.

SALSÓMETRO

PRECIOS

$ $

MI CATA

Tacos El Moy

NO SÓLO LA ESCENIFICACIÓN DE LA PASIÓN DE CRISTO,
IZTAPALAPA TIENE OTRO LUGAR SAGRADO,
SÓLO PARA NOSOTROS, GARNACHEROS.

★ ★ ★

DIRECCIÓN

Avenida del Rosal esquina Velo de Novia, Iztapalapa. A tres cuadras del metro Constitución 1917.

HORARIO

Lunes a domingo, de 10 am a 5 pm.

Si eres devoto de la bella tradición de las carnitas, es imperioso hacer una reverencia a un puesto en Iztapalapa: tacos El Moy, llamado así por su dueño, Moisés García. La exhibición misma de la carne es un espectáculo: grandes pedazos de todo tipo se observan en el mostrador, y sólo de verlos se abre el apetito: el buche, la costilla, la nana, la trompa, todo está ahí esperando a ser devorado. Aunque los más solicitados son los de costilla y maciza con cuero, hay una especialidad suprema: la barriga, que al primer mordisco se enamorarán de ella.

Carne de dioses, porque aquí la preparación es diferente (preparación

iztapalapeña, la llaman): utilizan cerveza y un poco de vino blanco, lo cual le da un sabor muy especial. Y como en todos los locales respetables de carnitas, ustedes pueden armar su taco con la combinación que quieran. Las salsas también son dignas de mención: al imprescindible guacamole se suma el pico de gallo, una salsa de chile de árbol y cebolla con habanero. El sabor y la consistencia es diferente. El Moy dice que los ingredientes que nunca le fallan han sido siempre el amor y la paciencia, pues las carnitas, como el amor, requieren de un manejo y una preparación delicada. Son una verdadera delicia, y sí hay que llegar temprano, porque, créanme, vuelan como los mismísimos ángeles.

TACO DE BARRIGA

☞ DATO CURIOSO ☜

Si van en fin de semana no se les haga extraño esperar hasta 20 minutos por su orden, porque hay mucha gente. Advertidos están.

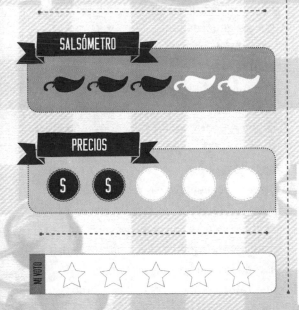

SALSÓMETRO

PRECIOS

$ $

MI OJO

☆ ☆ ☆ ☆ ☆

Tacos Los Juanes

PORQUE LO VALIOSO Y MARAVILLOSO
DE ESTA VIDA NO VIENE POR TONELADAS,
LES COMPARTIRÉ UN PEQUEÑO LUGAR RESERVADO
A UNOS CUANTOS ELEGIDOS.

★★★★★

DIRECCIÓN

Guadalajara esquina
Puebla, colonia Roma
Norte. A unas cuadras
de los metros Sevilla
y Chapultepec.

HORARIO

Domingo a
jueves, de 7 pm
a 4 am. Viernes y
sábado, de 7 pm
a 6 am.

Garnacheros, se trata de unos tacos
en la colonia Roma Norte. Es un pequeño
puesto de tacos junto a un Oxxo, que no por
pequeño deja de ser un esplendoroso oasis
en medio de la noche: tacos Los Juanes.
Es un lugar que lleva poco tiempo, pero la
maestría de don Juan ha dado la suficiente
categoría para ganarse el corazón de los más
exigentes tacoinómanos (somos pocos los
que alcanzamos esa categoría). Y no porque
lo vean pequeño vayan a pensar que la
variedad es corta: los hay de bistec, pechuga,
campechanos, cabeza de res, lengua,
arrachera y los obligados de pastor, que
son de los más pedidos (claro está
que también hay quesadillas, alambres

y gringas). Pero basta de palabras vacías; hablemos en serio: son deliciosos. Les juro que algo le agregan a la carne porque es un manjar, la lengua es riquísima, el pastor es de los mejores, blando y jugoso. Incluso los tacos más comunes como el de bistec con queso son muy ricos. Hay que subrayar que aquí encuentras tres grandes familias de tacos: pastor-bistec, cabeza y arrachera, que rara vez conviven en un solo changarro. Las salsas, tanto la roja como la verde, son muy buenas, pero también el pico de gallo y la cebolla con habanero.

TACO DE ARRACHERA CON CHAMPIÑONES Y QUESO

🖐 DATO CURIOSO 🖐

Es un lugar muy frecuentado por los *standuperos* que chambean en el Beer Hall o el Foro Shakespeare.

SALSÓMETRO

PRECIOS

$

MI VOTO

El Abanico

TAQUEROS DE MICHOACÁN, LES TENEMOS UNA NOTICIA: EN LA CIUDAD DE MÉXICO HAY UNAS CARNITAS QUE SE DAN UN TÚ POR TÚ CON LAS DE USTEDES.

★★★★★

DIRECCIÓN

Clavijero 226, colonia Tránsito, delegación Cuauhtémoc. A tres cuadras del metro San Antonio Abad.

HORARIO

 Lunes a domingo, de 10 am a 6 pm.

Ya son 24 años que en la colonia Tránsito, en la Ciudad de México, la taquería El Abanico surte las mejores carnitas de la zona centro. Para los amigos de otros países que se preguntan qué son las carnitas, les explico: se trata de la carne de puerco cocinada en aceite y sazonada con naranja, hojas de laurel y otras especias. Después se cuela toda la grasa y se sirve la carne de las diversas partes del puerco: nana, buche, trompa, oreja, maciza, cuero. Claro está que la magia de estos tacos está también en su preparación y en los elementos con que se acompañan posteriormente; lo usual es la cebolla, el cilantro, el limón, y algo que es fundamental: la salsa. Un taco sin salsa es como un cuerpo sin sangre, y en los tacos, lo básico es que haya roja o verde. Y ya con ese breviario gastronómico, ahora sí podemos afirmar que las carnitas de El Abanico son extraordinarias: el sabor, la cocción, el tamaño de los tacos. Las salsas son espectaculares, sobre todo el guacamole, y además se pueden disfrutar con algo que en lo personal disfruto mucho: cebollas con habanero. La maciza con cuero y el chamorro es de lo más pedido, pero también la nana y el buche. Si van por primera vez, les recomiendo que prueben la costilla, exquisita, que se puede pedir con o sin hueso. Pero no por nada la taquería se llama El Abanico, pues las posibilidades no se limitan a las carnitas, también hay tacos al pastor, de bistec, chorizo, cecina enchilada.

TACOS DE COSTILLA Y DE MACIZA CON CUERO

DATO CURIOSO

Si son varios, pueden ocupar una mesa al interior del local; si llevan prisa, afuera pueden comer parados. Al lado del lugar hay una paletería y nevería *La Michoacana*, por si les da antojo de una paleta o nieve, como postre.

SALSÓMETRO

PRECIOS

MI VOTO

Birria
Michoacanísimo

DICEN QUE LA PALABRA BIRRIA VIENE DE BERREAR,
PROPIO DE LOS CHIVOS; LA REAL ACADEMIA DICE
QUE SIGNIFICA "COSA SIN IMPORTANCIA".
OBVIO, ESOS DE LA ACADEMIA
NO HAN IDO A ESTE LUGAR.

DIRECCIÓN

Calle San Valentín 866
esquina Avenida Santa
Úrsula, Pedregal de
Santa Úrsula,
Coyoacán. Muy cerca
del Estadio Azteca.

HORARIO

Lunes a domingo,
de 8 am a 6 pm.

Si andan por el sur de la Ciudad de México, y traen ganas de una buena birria, tienen que ir al Michoacanísimo. Se llama así porque los dueños son oriundos de Michoacán, pero poco a poco se han venido consolidando en la Ciudad de México. Ahí sirven un plato grande, cazuelero y puede ser de maciza o surtida (la maciza es lo que en Guadalajara se conoce como carnaza), y se come de la manera tradicional: como un consomé con limón, cilantro y cebolla. También pueden acompañar su plato de birria con un par de quesadillas (retacadas como tamales y hechas a mano), y es indispensable pedir una orden de aguacate para acompañar. Hay que señalar que ésta es una auténtica birria de chivo, en contraste con otros lugares donde la hacen de res. Como toda birriería de excelencia, pueden pedir que les rellenen su plato con más caldo.

El Michoacanísimo es un lugar muy grande, donde se puede gozar en paz de buena copa de cerveza oscura porque es completamente familiar. En la tarde llega el grupo norteño, por lo que la cosa se pone mejor.

OJO: es un lugar muy concurrido a toda hora, por lo que tendrán que ir con tiempo y paciencia en lo que les asignan mesa.

BIRRIA DE MACIZA Y QUESADILLAS

DATO CURIOSO

A unos cuantos pasos de este local, hay otro más pequeño con el mismo nombre, que es donde comenzó la historia del Michoacanísimo, aunque la mayoría acude al más grande.

SALSÓMETRO

PRECIOS

MI VOTO

Oreja de Elefante

PORQUE PARA NOSOTROS LOS GARNACHEROS NUNCA NADA ES SUFICIENTE, LES PRESENTO A LA MADRE DE TODAS LAS MILANESAS.

★★★★★

DIRECCIÓN

Héroes 197,
colonia Guerrero,
a cuatro calles del
metro y metrobús
Guerrero.

HORARIO

Martes a
domingo,
de 7:30 am
a 10 pm.

La "Oreja de elefante" es una milanesa gigante muy famosa que venden en Tamales Teresita, en la colonia Guerrero. Lo significativo es que es un lugar especializado en milanesas, que pueden ser de pollo o de res. Para empezar, la carne es muy suave, el empanizado en su punto; cada porción es de 40 centímetros aproximadamente y se sirve con una guarnición de chilaquiles, papas fritas y frijoles. Todo esto se hornea con una cama de queso gratinado, rebanadas de jamón y pedazos de plátano macho. ¿Qué tal? Cada bocado es una alegría: las salsas (roja y verde) son muy sabrosas (y no pican), y todo lo puedes acompañar con una riquísima agua de sandía. Es un platillo bastante colorido y todo se conjuga maravillosamente, siendo las "Orejas de elefante" uno de los tesoros de la Ciudad de México. El platillo es bastante generoso, por lo que hay que ir con mucha hambre.

El lugar tiene más de medio siglo ofreciendo el servicio. Lo comenzó la abuela del dueño vendiendo originalmente tamales, pero como contaba con cocina, en alguna ocasión alguien le pidió una milanesa; ésta fue preparada de una manera tan buena que se quedó para siempre como la especialidad de la casa. Es un lugar muy concurrido, la gente hace filas de hasta una hora para poder entrar, pero la espera vale la pena.

LA OREJA DE ELEFANTE DE RES

DATO CURIOSO

Por si no bastara el tamaño de las milanesas, también venden tamales, enchiladas suizas y pastel de zanahoria. Un verdadero oasis este lugar.

SALSÓMETRO

PRECIOS

MI VOTO

GUADALAJARA

Mariscos El Duende

¿POR QUÉ EN GUADALAJARA ESTÁN LOS MEJORES LUGARES DEL PAÍS PARA COMER MARISCOS? MIENTRAS RESOLVEMOS EL MISTERIO, NOMÁS VE ESTO...

★★★★

DIRECCIÓN

Montes Pirineos 1526, colonia Independencia. A cuatro calles del Estadio Jalisco.

HORARIO

De martes a jueves, de 10:30 am a 5 pm. Viernes a domingo, de 10:30 am a 6 pm.

En Guadalajara se encuentra uno de los sitios más originales que podrán visitar: mariscos El Duende. ¿Por qué son tan originales?, preguntarán ustedes. ¡Porque están en el garaje de una casa! Son baratos, muy frescos y muy llenadores. La riqueza del menú es magnífica, ya que se compone de un nutrido conjunto que va desde la comida mexicana hasta la japonesa. La variedad es grande en tostadas, empanadas, ensaladas y cocteles de todo tipo de mariscos y pescados. Hay una especialidad, lean bien, que no tiene desperdicio: ¡chicharrón de pescado acompañado de aguachile! ¡Exquisito! También hay variedad de sushis creados en este lugar, como "el Duende Maní", "el Duende Mantequilla", "el Duende *Light*" o "el Duende *Roll*". La carta es muy amplia, la mayoría de los platillos es a base de mariscos y verduras; como su número uno: "Sorpréndeme", que es una cama de verduras cocidas con mariscos, cubierta de queso fundido, para chuparse los dedos. Los aguachiles y los camarones a la diabla, empanizados y al cilantro, también son bastante solicitados. Y para pasarte el bocado, hay unas micheladas riquísimas servidas en jarritos. De verdad, todo es excelente.

EL PLATILLO "SORPRÉNDEME" Y LAS MICHELADAS

DATO CURIOSO

Hay muy buen ambiente, y de vez en cuando se puede escuchar música en vivo con uno de los mejores saxofonistas de Guadalajara, mejor conocido como *El Viejito*.

SALSÓMETRO

PRECIOS

MI VOTO

CHURROS LA BOMBILLA

ES UNA BUENA IDEA DAR UN BRINCO AL BAÚL DE LOS RECUERDOS Y REMONTARNOS A ÉPOCAS DE NUESTROS PADRES O ABUELOS.

★ ★ ★

DIRECCIÓN

Penitenciaría esquina López Cotilla, colonia Centro. No hay pierde. A la salida del metro Juárez.

HORARIO

De miércoles a lunes, de 5:30 pm a 11 pm.

Enfrente del Parque Revolución, conocido popularmente como Parque Rojo, en Guadalajara, se encuentra un sitio con muchísima tradición: Churros La Bombilla. El lugar es muy frecuentado porque además de los ricos churros (los hay con azúcar y con canela), puedes probar varios tipos de chocolate: el mexicano (rico, pero muy ligero), el francés (con mucho mayor cuerpo y sabor) y el español (éste sí bastante espeso).

Las órdenes de churros son de cuatro piezas y se sirven con pequeñas porciones de cajeta, lechera y manzana, aunque se pueden comer solos. La gente que viene agradece mucho el servicio rápido y amable, además de que es un lugar acogedor y tranquilo.

El decorado es de motivos relacionados con la tauromaquia, lo que le da una atmósfera muy española. Por otro lado, los churros no son totalmente dorados, por lo que a muchos les podrá parecer un tanto masozos.

Eventualmente, es una experiencia fabulosa visitar Churros La Bombilla.

CHURROS Y CHOCOLATE FRANCÉS

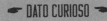

DATO CURIOSO

Algo que me llamó mucho la atención es que los muebles los conservan desde los años cincuenta (sólo los han restaurado), lo que da la impresión de estar en una película.

PRECIOS

MI VOTO

Tacos Fish

GARNACHEROS, PALMAS BIEN ABIERTAS, JÚNTENLAS, PÓNGANLAS DEBAJO DE LA BARBILLA, BAJEN LENTAMENTE LA CABEZA. ESTE LUGAR SE MERECE ESA REVERENCIA.

★★★★

DIRECCIÓN

Avenida De la Paz esquina Donato Guerra, Guadalajara. A tres cuadras de las famosas 9 Esquinas.

HORARIO

De lunes a sábado, de 9 am a 4:30 pm.

En la Perla Tapatía se pueden comer unos de los mejores tacos de pescado de todo el país: los famosos Tacos Fish. Oriundos de la Paz, Baja California, tienen más de 20 años llevando los manjares del mar a la urbe. Son muy solicitados porque usan los alimentos del mar en presentaciones más bien garnacheras, como los burritos y las quesadillas. Hay tacos llamados "Estrella", que son de pescado (con la forma de una estrella de mar), tacos de camarón, tacos dorados de cangrejo, jaiba, chiles rellenos de pulpo, quesadillas de pescado, burritos de mantarraya. ¿Qué más puedes pedir? Es una mezcla muy afortunada de cocinas tradicionales y marisquería. Ahora, esto es apenas el inicio, porque la barra de ingredientes para acompañar también es singular: salsa mexicana, chiles toreados, ensalada de zanahoria, pepinos y col rallada, además de una gran cantidad de aderezos. Estos últimos también son un arte, porque no acompañan a cualquier taco; por ejemplo, el habanero con piña se recomienda para el dorado, y la salsa mexicana y la inglesa, para los de pescado. En resumen, todo es delicioso, y faltan estómagos para probar las múltiples variaciones que hay en este lugar.

OJO: hay que ir con tiempo. Respeten los sagrados alimentos.

BURRITO
DE MANTARRAYA

GUADALAJARA

➤ DATO CURIOSO ➤

Por si no quedaron lo suficientemente satisfechos, en Tacos Fish hay una buena cantidad de postres: nieves, jericallas, flanes, *brownies* y arroz con leche.

SALSÓMETRO

PRECIOS

$ $

MI VOTO

☆ ☆ ☆ ☆ ☆

CARNE ASADA CON CORAJE

"SI VIENE A TRAGAR, SIÉNTESE Y DEJE DE ESTAR CHG%.S*⌾DO". BIENVENIDOS A UNO DE LOS MEJORES LUGARES DE GUADALAJARA.

★★★★

DIRECCIÓN

Chicago 1280, colonia Aurora. Cerca del Parque Agua Azul.

HORARIO

Lunes a domingo de 7:30 am a 4:30 pm.

En la Perla de Occidente hay un excelente lugar de carnes asadas llamado Hermanas Coraje, porque las mujeres encargadas tienen un carácter un tanto árido, pero que al parecer ha surtido un maravilloso efecto en sus platillos. Esa frase del principio es real y es su forma de decir: "Lo vamos a atender de maravilla". La especialidad es la carne asada con frijoles y las colitas de res. Estas últimas se sirven en un caldo delicioso, tipo consomé de carne perfectamente condimentado, que se puede aderezar con una de las múltiples salsas que hay, desde salsa martajada hasta mole de olla. La carne se prepara al carbón y se sirve sin verdura, con una cama de frijoles hechos con manteca y se acompaña de nopales, queso blanco y tortillas recién hechas. Además, algo característico es que cada día cambian la variedad de agua: jamaica, horchata, limón, guanábana.

Ojo: las porciones son bastante buenas; las salsas, picosas pero sabrosas. Quienes van a ese lugar coinciden en que el local es famoso, en buena parte, porque tiene un ambiente muy casero, desde la sazón del menú, hasta la disposición de los lugares, donde en una misma mesa pueden comer grupos diferentes.

COLITAS DE RES

DATO CURIOSO

La señora Josefina, madre de las hermanas Coraje, fue la fundadora de este lugar. Las hermanas Coraje han peregrinado por muchos lugares hasta establecerse en donde ahora están, muy cerca de las vías del tren.

SALSÓMETRO

PRECIOS

$ $ $

MI VOTO

LA TORTA LOCA

¿CREES QUE GUADALAJARA TERMINA
EN LAS CHIVAS, LOS MARIACHIS Y LA MINERVA?
GARNACHERO, TIENES QUE PROBAR
ESTAS DELICIAS NIVEL CINTA NEGRA.

★★★★

DIRECCIÓN

Mercado San Juan
de Dios, Javier Mina
esquina Calzada
Independencia, Centro.

HORARIO

De lunes
a domingo,
de 8 am
a 8:30 pm.

En el Mercado de San Juan de Dios, en Guadalajara, se encuentran unas famosas tortas nacidas en 1970: ¡La Torta Loca! ¿Que por qué son tan famosas? Por sus ingredientes: preparadas con el clásico birote, llevan lomo y pierna de cerdo, jitomate, lechuga, mayonesa y mostaza (opcional). Pero además, van acompañadas con una salsa especial, muy rica, parecida al mole. ¡Es una verdadera sabrosura! La conjunción de los dos elementos principales, el lomo y la pierna, es muy afortunada, y aunque la consistencia del lomo es seca, la salsa fusiona los sabores. El birote aporta su granito de arena, y el resultado es una torta grande y sustanciosa. La porción recomendada por

persona es una torta, o si de plano
no han comido en semanas, pues dos.

La experiencia es fenomenal en cuanto
a texturas, pues el birote es crujiente y la
carne, muy tierna. Desde luego, además de
la salsa, la torta se puede acompañar con
las tradicionales rajas con zanahoria en
vinagre. ¡No pueden pasar sin probar estas
tortas locas!

TORTA DE PIERNA CON LOMO

DATO CURIOSO

Salvador, el dueño
del lugar, asegura:
"Con la primera
mordida, sabes.
Todavía no ha
pasado que alguien
la muerda y la deje".

SALSÓMETRO

PRECIOS

$ $

MI VOTO

LONCHES AMPARITO

GARNACHEROS, ¿QUIEREN ENCONTRARLE
SENTIDO A SU VIDA? INHALEN. EXHALEN.
MUERDAN SU LONCHE.
REPITAN ESO 15 VECES.

★ ★ ★

▶ DIRECCIÓN ◀

Gerardo Suárez 5, en
la Plaza Tapatía a un
lado de la Fuente de
los Niños Traviesos
(o meones), Centro.

HORARIO

De lunes
a sábado, de
9 am a 6 pm.

En el centro de Guadalajara, a un costado de la famosa Fuente de los Niños Traviesos, popularmente conocida como "Fuente de los Niños Meones", encontrarán un lugar de mucha tradición, que tiene casi 60 años siendo un referente: los Lonches Amparito.

Los lonches son lo que en la Ciudad de México llamamos torta (o sándwich en Latinoamérica) y comenzaron hace muchas décadas con la tía Amparito, quien empezó vendiendo sus lonches en una tienda de abarrotes. Originalmente sólo había de queso y de jamón, pero con el tiempo se amplió la variedad a queso de puerco, queso panela, amarillo, adobera, lomo, y lo que es la sensación de este lugar: carnitas. Este

bocadillo es muy rico: el pan es crujiente y lo preparan con crema, jitomate y mucho aguacate.

Si hubiera alguien a quien no le guste el pan con esta consistencia crujiente, también venden sándwiches (pero si piden eso, no son garnacheros de verdad). Así que ya saben, la riquísima cultura grastronómica en Guadalajara no se limita a las tortas ahogadas y la birria. Vayan por su lonche y se lo llevan comiendo por todo el corredor Cabañas hasta el hospicio con el mismo nombre, que hoy es patrimonio de la humanidad, mientras meditan acerca de la vida.

LONCHE DE CARNITAS

➤ DATO CURIOSO ➤

Existen otras loncherías en Guadalajara con el mismo nombre, pero no tienen relación alguna con los únicos Lonches Amparito.

SALSÓMETRO

PRECIOS

$ $

MI VOTO

GUÍA PARA DISTRAÍDOS Y EXTRANJEROS

SIN MAÍZ NO HAY PAÍS, GARNACHEROS. Y NOSOTROS TENEMOS VARIAS FORMAS PARA NOMBRAR ALGO QUE PARA LOS EXTRANJEROS ES LO MISMO, PERO NO ES ASÍ. NUNCA. TODOS ESTOS PLATILLOS TIENEN COMO BASE LA MASA DE MAÍZ.

TORTILLA DE MAÍZ

Es plato, cuchara y alimento a la vez. Es el producto más consumido en todo el país. Si sube de precio, México tiembla. Se usa como acompañante de casi todo.

TORTILLA DE HARINA

Es igual de maravillosa que la de maíz, sólo que es más consumida en el norte del país, y está elaborada a base de trigo (ya sé que estamos hablando del maíz, pero es para que no se sorprendan los extranjeros).

CHILAQUILES

Platillo hecho de tortillas doradas y troceadas, salsa (verde, roja, pasilla morita...), adornado con cebolla, cilantro, crema y queso. Encima se le puede poner costilla, arrachera, huevo, bistec.

ENCHILADAS

A base de tortillas, pero esta vez enrolladas. Suelen ir rellenas de queso o pollo, bañadas en alguna salsa y adornadas con cebolla, cilantro, crema y queso. Las famosas enchiladas suizas llevan queso gratinado.

TACOS DORADOS

Son muy parecidos a las enchiladas pero éstos se fríen para que queden doraditos. No son lo mismo que las enchiladas. Tenga usted respeto.

FLAUTAS

Son casi como los tacos dorados, pero la tortilla es más grande, son más alargados, por lo cual se requiere una producción especial de tortillas. Cuidado con pensar que son lo mismo.

TOSTADA

Se trata de una tortilla dorada, pero sin enrollar. Así, planita. Se le añade cualquier cantidad de guisos: tinga, pata, pollo con mole, picadillo... No es un taco dorado plano. No.

SOPE

Semejante a la tortilla (repito: no es lo mismo), pero su orilla está pellizcada, para darle forma de plato. Lo básico que lleva es: frijol, cebolla, lechuga y queso. Se le añaden guisos al gusto.

PANUCHO

Aportación de la comida yucateca, es una tortilla rellena de frijol y frita; arriba se le añade cochinita pibil o relleno negro. Es un tesoro nacional.

TLAYUDA

Enorme tortilla. Hay blandas y duras, pero esta última es lo más recurrente. Vaya a la última sección para saber cómo se prepara. Alimento de los dioses.

TLACOYO

Bocadillo hecho a base de maíz con forma de pepita; lo común es que vaya relleno de frijol, requesón o haba. Encima lleva cebolla, nopales, queso y se le añade salsa al gusto.

HUARACHE

Semejante al tlacoyo. Tiene la misma forma, pero éste es más grande y sólo suele ir relleno de frijol. Arriba puede llevar lo que quiera: pechuga de pollo, arrachera, huevo...

FAKE TACO

Esto no es taco. No es mexicano. Si en los Estados Unidos le llaman taco, allá ellos. Nosotros no lo conocemos. No es taco. Es un *fake* taco.

GORDITA

Bocadillo de maíz pero de forma redonda; suele ir rellena de chicharrón prensado, pero también hay de frijol o papa. Arriba no lleva nada. Todo va dentro de la gordita: cebolla, nopales, queso y salsa al gusto.

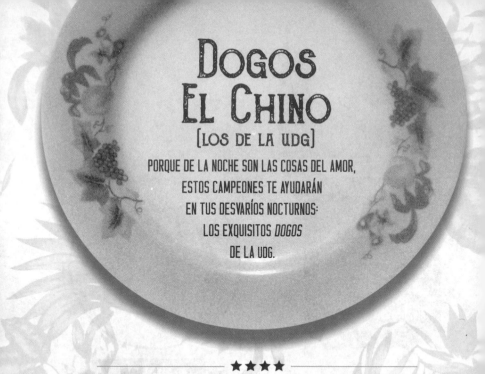

DOGOS EL CHINO
[LOS DE LA UDG]

PORQUE DE LA NOCHE SON LAS COSAS DEL AMOR,
ESTOS CAMPEONES TE AYUDARÁN
EN TUS DESVARÍOS NOCTURNOS:
LOS EXQUISITOS *DOGOS*
DE LA UDG.

★ ★ ★ ★

DIRECCIÓN

Pedro Moreno y
Escorza, a espaldas
de la UDG, colonia
Americana,
Guadalajara.

HORARIO

De lunes a jueves,
de 4 pm a 4 am;
viernes y sábado,
de 4 pm a 5 am;
domingo, de 5 pm
a 12 am.

Son conocidos así porque se encuentran precisamente a espaldas de la Universidad de Guadalajara, una de las más importantes del país; llevan más de 35 años alimentando a los desvelados de la ciudad. ¿De qué hablamos cuando hablamos de *dogos*? No son unos hot dogs clásicos, pues la conjunción de sus ingredientes es muy original: salchicha, tocino, jitomate y el toque de la casa: queso panela y cebolla cocida. Un verdadero hot dog de dioses. Es una parada idónea para después de salir del antro, para los que trabajan de noche o si no te dan ganas de cenar en casa. Los *dogos* de la UDG son altamente recomendados por quienes deambulan más por el mundo de las hamburguesas y hot dogs. Eso: también puedes pedir hamburguesas, la especialidad es el chile toreado relleno de queso panela, muy rico, pero muy picoso. Así que si te quieres bajar la borrachera o de plano tu estufa no funcionó, este es el lugar perfecto, pues está abierto hasta altas horas de la madrugada.

Así que ya saben, garnacheros, si van a Guadalajara, no sólo vayan al Templo del Expiatorio, el Teatro Degollado o la Rotonda de los Jaliscienses Ilustres. En el mero centro de la ciudad encontrarán los Dogos El Chino (los de la UDG).

CHILE TOREADO CON QUESO PANELA

SALSÓMETRO

PRECIOS

MI VOTO

DATO CURIOSO

Están en la calle pero hay lugar para lavarte las manos, sentarte y, ahora sí, a disfrutar los dogos.

TRIPITAS DON PANCHO

DESDE HACE 65 AÑOS, EN LA COLONIA MEDRANO, SE ENCUENTRA UNO DE LOS PUESTOS MÁS RECONOCIDOS DE TODA GUADALAJARA.

★★★★

DIRECCIÓN

Marconi 214A, entre Aldama y Medrano, colonia Medrano.

HORARIO

De lunes a sábado, de 6:30 pm a 10:00 pm.

Tripitas Don Pancho, así, con cariño, en diminutivo. Suculentos tacos de tripa, es decir, vísceras de res fritas. Sólo para campeones gordos. Ya sé que a algunos les puede resultar una mala idea, pero la verdad es que es un platillo riquísimo. Cuenta doña Jeni, la hija del creador de este sitio, que comenzaron vendiendo carnitas, pero la gente poco a poco fue olvidando la maciza para concentrarse en pedir su plato de tripa, gracias a su sabor y consistencia. Como los campeones somos selectos, también hay menú para los simples mortales: tacos de bistec, chorizo y la especialidad: los chicharroncitos, que son el gordito sobrante de la tripa. Nada mal, ¿no?

El manjar estelar de la casa se sirve en un caldo picosito, lo que le da un parecido a la birria, pero con el sabor particular de la víscera frita. Para un antojo garnachero, es una muy buena opción que puedes acompañar con agua de lima. Y desde luego, de postre, en Guadalajara no puede faltar la deliciosa jericalla, que, para quienes no la han comido, es un flan con una textura crujiente gracias a que se cuece al horno.

TRIPA DORADA

DATO CURIOSO

Adentro del local hay una colección de bicicletas antiguas, lo que le da también un ambiente de museo.

SALSÓMETRO

PRECIOS

MI VOTO

TORTAS AHOGADAS JOSÉ EL DE LA BICICLETA

GARNACHEROS, TENGAN TANTITO RESPETO POR LAS DICHAS DIVINAS DE LA BENDITA GUADALAJARA. SI ANDAN POR AHÍ Y NO COMEN TORTAS AHOGADAS, SON UNOS SACRÍLEGOS.

★★★★★

DIRECCIÓN

Mexicalzingo, entre Calzada Independencia y 16 de Septiembre. Cerca del Teatro Diana.

HORARIO

Lunes a domingo de 9:30 am a 5:30 pm.

De los muchos lugares donde estas tradicionales tortas se pueden encontrar, se distingue José, El de la Bicicleta.Este lugar lleva dos décadas vendiendo las mejores tortas ahogadas de la ciudad, y destaca por su salsa cruda de jitomate con cebolla morada, que le da una sazón única. Esta torta está hecha de la forma como mandan los clásicos: birote relleno de carnitas de cerdo que se baña con salsa de chile de árbol (por eso es "ahogada"). Don José las prepara con filete, lengua, cachete, buche y riñón, pero las puedes combinar a tu gusto. La consistencia del pan mojado en salsa picante es una experiencia que no pueden dejar pasar, pero tomen en cuenta que la

combinación de cerdo con chile y harina
es pesada, por lo que una sola torta basta
para tener una comida completa. Tienen
la posibilidad de pedir media o un cuarto
de torta. Añádanle que también venden
pequeños tacos fritos de papa, frijol y carne,
por si se quedan con un huequito. Algo
que deben saber es que la demanda
es bastante grande, por lo que hay que
ir con tiempo.

TORTA COMBINADA

DATO CURIOSO

En el nombre incluye
"El de la Bicicleta"
porque "la barra"
donde se preparan
las tortas es
precisamente una
bicicleta; además,
porque hace muchos
años don José no
estaba instalado en
un local, y andaba
por toda la ciudad
vendiendo sus tortas.

SALSÓMETRO

PRECIOS

MI VOTO

Birriería El Chololo

LA BIRRIA NACIÓ EN LOS ALTOS DE JALISCO, EN EL SIGLO XVII. NO SÓLO ES UNO DE LOS PLATILLOS MÁS SUCULENTOS DE LA GASTRONOMÍA NACIONAL, SINO DEL MUNDO MUNDIAL, ¡CHE%.S*DOS!

★★★★★

DIRECCIÓN

Carretera Guadalajara-Chapala kilómetro 17, El Capulín, Jalisco. Si parten de Guadalajara, queda pasando la desviación al aeropuerto, cinco minutos después.

HORARIO

De lunes a domingo, de 8 am. a 8 pm.

En la carretera rumbo a Chapala, a sólo 30 minutos de Guadalajara, se encuentra la mejor birria que podrán probar en sus vidas: la birriería *El Chololo*. Es un lugar muy famoso porque tiene más de 100 años de existencia. Sí, leyeron bien: ¡más de un siglo! Así que no les sorprenderá cuando les diga que al lugar han asistido gran cantidad de celebridades: cantantes, políticos, futbolistas y hasta el papa Juan Pablo II. El negocio, cuenta don Javier, lo comenzaron sus padres en Tlaquepaque y, con el tiempo, se convirtió en la birriería más célebre de Jalisco. La birria es un platillo hecho con carne de borrego servida en un caldo elaborado con muchas especies y chiles, y la de *El Chololo* es un prodigio. En este lugar el proceso de preparación es un verdadero ritual: la carne, que puede ser costilla, carnaza, espaldilla o machito, se adereza con el adobo especial; después se mete a hornear cinco minutos y se presenta en un plato grande.

Ojo: el caldo se sirve aparte, como una especie de consomé. Se acompaña con tortillas de maíz recién preparadas y frijoles refritos gratinados con queso. Es un manjar de manjares. Además del casi obligado caballito de tequila, de postre pidan la tradicional jericalla. Garnacheros, la Tierra Santa está en Jalisco. Vayan.

OBVIO,
LA BIRRIA

SALSÓMETRO

PRECIOS

El apelativo *El Chololo* surgió gracias al nombre del padre del dueño, que se llamaba Isidoro. El 16 de febrero de 2016, el señor Javier Torres, *El Chololo*, pasó a mejor vida. Gracias por darle el mejor ingrediente a la birria: el amor.

MI VOTO

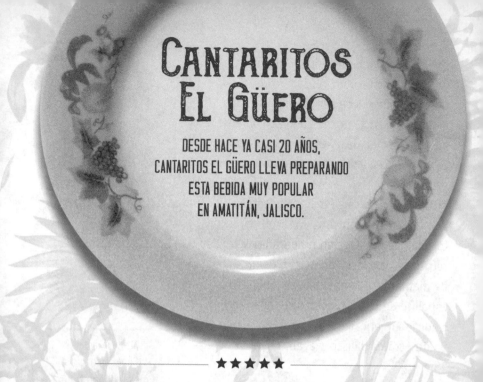

CANTARITOS EL GÜERO

DESDE HACE YA CASI 20 AÑOS, CANTARITOS EL GÜERO LLEVA PREPARANDO ESTA BEBIDA MUY POPULAR EN AMATITÁN, JALISCO.

★ ★ ★ ★ ★

DIRECCIÓN

Carretera internacional a Nogales, km 49, Amatitán, Jalisco. Por la libre a Tequila saliendo de Guadalajara; harán una hora, aproximadamente.

HORARIO

De lunes a domingo, de 12:30 pm a 1 am.

Es un lugar imprescindible para los amantes de un buen trago regional. ¿Pero qué rayos es un cantarito? Aquí va la explicación: en una olla de barro se prepara una bebida a base de tequila, hielo, sal, limón, naranja, toronja y refresco. ¡Santos cítricos alcohólicos! Como verán, garnacheros, el resultado es fantástico porque se trata de una bebida refrescante y ponedora a la vez. Cantaritos El Güero no es un lugar precisamente para comer, pero si se te empieza a trepar el elíxir de los dioses, sirven excelentes botanas para compartir: salchichas, papas y tostadas. Debo destacar que es un lugar donde hay un gran ambiente con música en vivo (particularmente bandas norteñas), por lo que muchos van también a bailar. ¡Ay, Jalisco, no te mueras nunca! Es un lugar muy concurrido, su cupo es sólo para 150 personas.

El Güero nos dice que abren todos los días, todo el año y, por supuesto, no te lo puedes perder.

Recuerda: todo con medida, y para agarrar la fiesta a gusto, procura ir con un conductor designado.

EL CANTARITO GIGANTE. EL COSTO DEPENDE DEL TEQUILA QUE ELIJAN. MIS PREFERIDOS: TRADICIO-NAL, 7 LEGUAS BLANCO, EL TAPATÍO, HERRADURA Y 1800.

DATO CURIOSO

Ponte botas y sombrero que la banda empieza por la tarde, pero principalmente en fin de semana. Si van un martes, me odiarán, pero conste que les avise.

PRECIOS

MI VOTO

TORTAS Y TOSTADAS EL COMPADRE

CORRE LA LEYENDA DE QUE EN ESTE LUGAR UNA SEÑORA SE COMIÓ 7 TORTAS, UNA TRAS OTRA, Y VIVIÓ FELIZ PARA SIEMPRE.

★★★★

DIRECCIÓN

Madero esquina con Morelos, Centro de Tlaquepaque, a un costado de la parroquia de San Pedro.

HORARIO

Lunes a domingo, de 2:30 pm. a 11 pm.

En San Pedro Tlaquepaque, Guadalajara, durante más de 60 años ha habido un gran culto a las Tortas y Tostadas El Compadre. Y es que en realidad todo le favorece: su ubicación (está exactamente enfrente de la parroquia de San Pedro y a un costado del Parián, en el mero corazón del Jardín Hidalgo) y, sobre todo, sus productos. La torta de pierna es todo un lujo y su elaboración es singular: una cama de frijoles, otra de col rallada, jitomate, cebolla y una cucharada de caldo de jitomate encima (hay que recordar que el jitomate sólo da sabor y no picor). El otro atractivo de este puesto son las tostadas de pata, lomo o trompa, a diferencia de las que se acostumbran (que generalmente tienen el tamaño de la tostada comercial de paquete), las de este lugar son muy grandes. Además, las porciones son muy generosas y también se acompañan de frijoles, col, crema y salsa. ¿Se les hizo agua la boca? Cuatro generaciones de vendedores garantizan la calidad y el buen servicio de las Tortas y Tostadas El Compadre.

SIN DUDARLE:
LA DE PIERNA

SALSÓMETRO

PRECIOS

MI VOTO

☞ DATO CURIOSO ☜

Lo tradicional es sentarse en una de las bancas del parque y usar los asientos de mesita. Y ya bien comido, puedes caminar unos cuantos pasos para escuchar mariachi en el Parián.

MONTERREY

Elotes y trolebuses La Purísima

"¿No que todo te gusta, Lalo?" Bueno, no es que no estén buenos, sólo creo que no son parte del paraíso garnachero.

★★★

DIRECCIÓN

Aunque hay varias sucursales, la más famosa se encuentra en calle Francisco Zarco 805 esquina con Padre Mier, en el Centro.

HORARIO

De lunes a domingo, de 10 am a 11 pm.

Muy cerca de la catedral que lleva precisamente este nombre, están unos elotes bastante famosos que no pueden dejar de visitar. En realidad, se trata de un vaso de esquites, pero a diferencia de los tradicionales, caldosos y preparados con epazote, éstos tienen su peculiaridad: se sirven con chile piquín regiomontano, crema y queso amarillo (también pueden llevar lo habitual: queso rallado, limón y mayonesa). El resultado es una botana sabrosa pero, la mera verdad, dejan que desear.

No me odien garnacheros de Monterrey, se que los aman y no quiero herir sus sentimientos. Es mi paladar chilango con sangre de Jalisco que habla. Y para los que no los conocen dense una vuelta están a unas calles de las tortas La Purisima que más adelante van a leer de su existencia, y estos elotes sirven para el postre si es que todavía les cabe.

PUES YA QUÉ:
EL TROLEBÚS

◄ DATO CURIOSO ►

En este lugar es una extravagancia comer el "elote rebanado", y esto se debe, según los del lugar, a que una joven que no podía morder el elote por usar frenos, pidió su elote desgranado.

SALSÓMETRO

PRECIOS

MI VOTO

TORTAS LA PURÍSIMA

¿SABÍAN QUE HAY UN PARAÍSO DEL AGUACATE Y QUE ESTÁ EN MONTERREY?

★★★★★

DIRECCIÓN

Calle Fray Servando Padre Mier esquina con Privada Lic. Verdad, colonia Centro. A una calle de Plaza La Purísima.

HORARIO

Lunes a viernes, de 7 am a 6 pm. Sábado, de 7 am a 4 pm.

En la ciudad de Monterrey podemos comer una de las tortas más ricas de la República Mexicana: Tortas La Purísima.

Son inmensas. El pan recuerda a las cemitas poblanas, pero sin ajonjolí, y las hacen con una buena cantidad de carnes frías: jamón, queso de puerco y fiambre, además de queso panela. Pero lo mejor es que les ponen ¡casi dos aguacates por torta! Sí, garnacheros, es casi más aguacate que torta, lo cual, desde luego, las convierte en un tesoro para el paladar.

Apenas van a poder agarrarlas con una sola mano, y agregar la salsa que además está rica y le da buen sabor será complicado.

Eso sí seguro se van a manchar la boca a cada mordida, entrenle con gusto no pasa nada, este lugar no es apto para personas delicadas con su ropa, porque se pueden manchar.

Yo use como 100 servilletas, pero que rico es mancharse cuando es una comida rica.

OBVIO,
LAS TORTAS

☞ DATO CURIOSO ☜

El servicio es muy rápido y puedes pedir desde tu automóvil. Las tortas son bastante grandes, lleven mucho estómago vacío.

Tacos al Vapor Don Pancho

SI PENSABAN QUE EN MONTERREY NO EXISTE LA TRADICIÓN
DE LOS TACOS, PUES SE EQUIVOCAN, PORQUE HAY
UNA FRANQUICIA QUE LOS DIGNIFICA:
TACOS DON PANCHO.

★★★

DIRECCIÓN

Avenida Francisco
y Madero 1110
esquina con Diego de
Montemayor, Centro.
A cinco calles del
metro Del Golfo.

HORARIO

De lunes
a viernes,
de 7 am
a 2 pm.

Son tacos pequeños, muy parecidos a los de canasta. La preparación es igual, pero además de los típicos de frijol, encuentras de papa, carne deshebrada y chicharrón, y hasta de jalapeño con queso. Algo diferente, y que la verdad hace la diferencia, es que la salsa no es precisamente un ingrediente de picor, sino un condimento muy rico, cremoso, en el cual uno sopea los tacos. Esta salsa se ha metido en el corazón de los regiomontanos. El chicharrón es guisado y no prensado, como ocurre con los tacos de canasta clásicos y, en general, el sabor es diferente, pues la carne deshebrada y los condimentos, son muy del norte.

Tacos Don Pancho es un lugar célebre: por ahí han pasado muchas celebridades, artistas, deportistas, y hay fotos donde podemos ver, por ejemplo, ni más ni menos que a ¡Choche, de Bronco! ¿Creen ustedes que Choche vendría a un sitio con malos tacos? Por supuesto que no. Y algo que debemos recalcar: los regios no son codos. De lo contrario, no podrían pagar la comida, que en la ciudad es muy cara. Este es uno de los motivos por los que hay que ir a tacos Don Pancho: son buenos y baratos, y la salsa es inolvidable.

LA SALSA

DATO CURIOSO

Cuenta la leyenda que un día don Pancho estaba haciendo la salsa en los Tacos Javier, donde trabajaba. Por accidente, ciertos productos le cayeron a la salsa; la probó y le gustó; así la mejoró.

MONTERREY

SALSÓMETRO

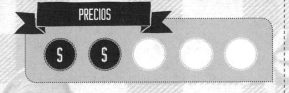

PRECIOS

MI VOTO

LA MEXICANA

**PARA SABOREAR EN PLENO
EL SABOR *CHÚNTARO STYLE*, NO DEJEN DE IR
A ESTE PECULIAR LUGAR, GARNACHEROS.**

★★★★

DIRECCIÓN

Vicente Guerrero 244, Centro. A unos pasos del Mercado Juárez.

HORARIO

De lunes a domingo, de 7 am a 8 pm.

Es como el Disneylandia de los tacos en plena ciudad de Monterrey. Es un lugar muy folclórico y colorido lleno de carros de juguete y cabinas telefónicas de los 80, pero el atractivo principal son los tacos al vapor. Los hay de carnitas, morcón (que es la pancita), carne deshebrada, picadillo, papa, y los estrella: chicharrón. Estos tacos al vapor son los que en el centro y sur del país conocemos como tacos de canasta, y su sabor es extraordinario. La salsa es algo muy curioso porque la sirven en una gran olla de peltre que se encuentra al centro de las mesas, y como son tacos de parado, cada quien llega y se sirve a placer.

Eso sí: la salsa pica. Los guisados están muy bien y no han perdido su calidad a pesar de que hoy existen muchas sucursales.

TACO DE CHICHARRÓN

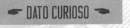

DATO CURIOSO

La Mexicana nació en una carnicería que vendía tacos al vapor y hoy cuenta con varias sucursales.

SALSÓMETRO

PRECIOS

$ $

MI VOTO ☆ ☆ ☆ ☆ ☆

TAQUERÍA JUÁREZ

TODAS LAS TAQUERÍAS BUENAS SON FAMOSAS, PERO EN MONTERREY HAY UNA QUE ES AÚN MÁS FAMOSA.

★★★★

DIRECCIÓN

Calle Galeana Norte 123, Centro. Todos los conocen; no hay pierde.

HORARIO

De lunes a domingo, de 10:30 am a 10:30 pm.

Es famosísima y no es para menos, porque la Taquería Juárez es enorme: simplemente la cocina ocupa un espacio importante, y pueden verse al menos una veintena de cocineros alrededor de inmensas parrillas. ¿Pero cómo son estos tacos que tienen tantos fanáticos? Los más buscados son los dorados, que también los conocemos como flautas; básicamente son tacos fritos de carne de res. Pero muchos van por el plato surtido: una enchilada roja, un sope de chicharrón verde y una flauta con guacamole, acompañado con lechuga y jitomate. Hay dos tipos de salsa –roja y verde–, no muy picosas, porque a este lugar acostumbran ir muchas personas de la tercera edad y niños, y porque la salsa en Monterrey no es un elemento de picor sino una especie de sazonador. Los platillos acostumbran acompañarse con cerveza, pero puedes encontrar toda clase de bebidas, aguas y refrescos.

Aunque no es propiamente un local, sino un restaurante, no es caro y llama la atención que es muy higiénico.

SOPE DE CHICHARRÓN

◄ DATO CURIOSO ►

La enchilada en Monterrey no es la misma que en los estados del sur: el compuesto de tortilla, salsa y quesillo se prepara al mismo tiempo, y no va frita.

SALSÓMETRO

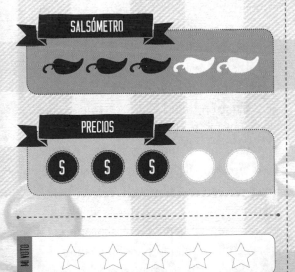

PRECIOS

$ $ $ ○ ○

MI VOTO ☆ ☆ ☆ ☆ ☆

CANTINA INDIO AZTECA

GARNACHEROS, AUNQUE ESTAMOS EN PLENO SIGLO XXI, TODAVÍA EXISTEN ALGUNAS CANTINAS DONDE SÓLO ENTRAN HOMBRES.

★★★★

DIRECCIÓN

Avenida Francisco y Madero 1101 esquina con Diego Montemayor, Centro.
Frente a los Tacos Don Pancho.

HORARIO

De lunes a jueves, de 11 am a 11 pm. Viernes, de 11 am a 12 pm. Sábado, de 11 am a 11 pm. Domingo no abren.

A la cantina Indio Azteca van señores bragados a la antigua. Es un lugar peculiar: amplísimo con una gran barra de madera y decorado al viejo estilo, con cabezas de venado y televisores por si quieren ver el futbol. Pero es más famoso por su comida y bebida; por ejemplo, por el lomo adobado, el chicharrón tradicional o los frijoles con "veneno" un asado de puerco con mucha manteca que va sobre los frijoles. Y lo mejor: el chamorro, sencillamente buenísimo. Como pueden ver, las carnes son la especialidad: barbacoa de arrachera o tacos de picadillo de puerco acompañados de guacamole. ¿Se les hizo agua la boca? En cuanto a las bebidas, lo usual es acompañar la carne con una buena cerveza, pero hay una gran variedad de ron, whiskey, pero sobre todo de tequila. Es un lugar para pasar un buen rato entre cuates y echar el dominó, o para ir sólo a echar la copa. Garnacheras, a mí no me reclamen de estas costumbres del siglo XIX.

EL CHAMORRO

DATO CURIOSO

La gente de esos lares dice que es un lugar terapéutico porque los hombres van a distraerse un rato de sus problemas.

SALSÓMETRO

PRECIOS

$ $ $ $ ○

MI VOTO ☆ ☆ ☆ ☆ ☆

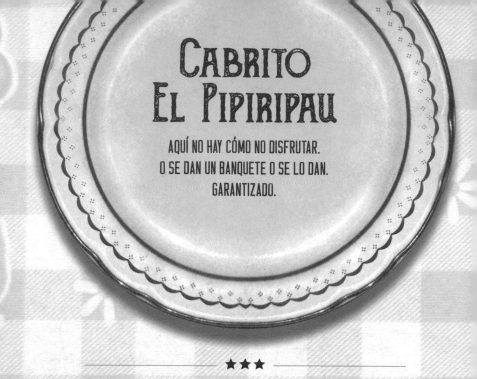

CABRITO EL PIPIRIPAU

AQUÍ NO HAY CÓMO NO DISFRUTAR.
O SE DAN UN BANQUETE O SE LO DAN.
GARANTIZADO.

★★★

DIRECCIÓN

Nuevo Mercado Juárez M-38, Centro. Basta con aguzar su olfato para dar con el lugar.

HORARIO

Los 365 días del año, de 7 am a 7 pm.

Una de las comidas más emblemáticas de Monterrey es el cabrito, y el del Pipiripau, según dicen los buenos paladares, es el mejor. En el Mercado Juárez se encuentra este local donde preparan el cabrito a la manera regiomontana: al carbón. Para empezar pueden pedir un plato de frijoles charros que del puro olor ya estarán salivando, porque lo hacen con manitas de cerdo, tocino, cueritos, salchicha, cebolla, cilantro y ajo. Después viene el plato fuerte. Al igual que otro tipo de carnes, el cabrito tiene sus propios cortes: la pierna, la paleta, el pecho y –aquí es muy recomendable– la riñonada. Cada porción es grande, la carne doradita pero muy blanda, y se acompaña con salsa borracha y un poco de lechuga (en Monterrey no se come mucho la verdura con la carne). La pierna también es exquisita y, en general, es una carne blanda con una textura parecida al conejo, pero el sabor de ésta es único. La riñonada son vísceras al carbón y, de verdad, se deshacen en la boca de tan tiernas y ricas.

Vayan a El Pipiripau.

RIÑONADA

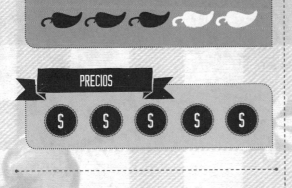

☞ DATO CURIOSO ☞

El nombre viene de la famosa canción de Los Plebeyos, y se dice que hay tres lugares para comer cabrito en Monterrey: para los pobres, los medio pobres y los ricos; o lo que es lo mismo: Los Primos, El Pipiripau y El Rey del Cabrito.

SALSÓMETRO

🌶️ 🌶️ 🌶️ 🌶️ 🌶️

PRECIOS

$ $ $ $ $

MI VOTO
☆ ☆ ☆ ☆ ☆

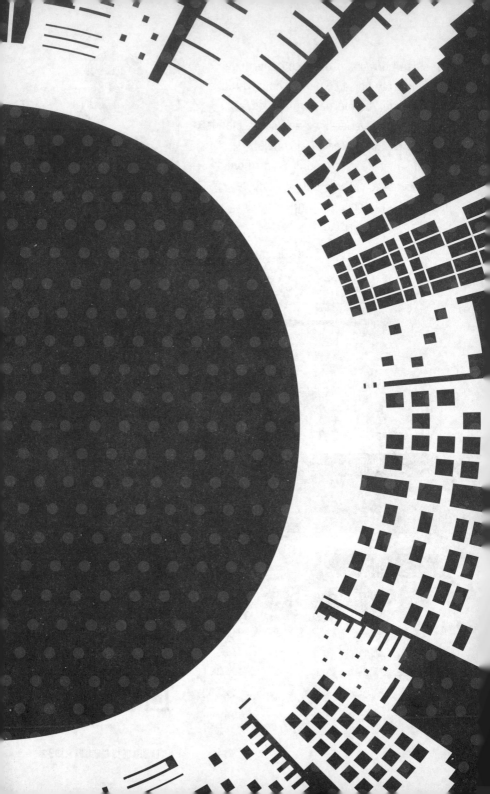

OTRAS CIUDADES

Antigua Taquería La Oriental

EN REALIDAD, ERAN CUATRO LOS REYES MAGOS,
SÓLO QUE UNO SE DESVIÓ A PUEBLA. GARNACHERO,
RÍNDETE ANTE ESTA MARAVILLA TRAÍDA
DESDE MEDIO ORIENTE.

DIRECCIÓN

2 Oriente número 8,
colonia Centro, Puebla.
A la salida del pasaje
del Ayuntamiento.

HORARIO

De lunes a
domingo de
11 am a 10 pm.

En el corazón del Centro Histórico de la hermosa Puebla se encuentra uno de los lugares más conocidos no sólo de esa ciudad sino de todo el país: la Antigua Taquería La Oriental y sus tacos árabes. Desde la década de 1930, este lugar sirve un tipo de taco creado por inmigrantes iraquíes que hoy son muy afamados. Estos tacos se preparan con carne de cerdo envuelta en pan pita, y se acompañan con la salsa tradicional hecha a base de chile chipotle y otro más, que, según nos dicen, es secreto.

La carne es muy suave y condimentada, y la tortilla es grande, de 15 centímetros aproximadamente, de manera que dos tacos son más que suficientes para una persona.

El aderezo está hecho con chile jalapeño, mayonesa y perejil, para la gente que no come picante. Si bien el taco árabe y oriental son la especialidad, también puedes consumir tortas y cemitas de carne, quesadillas sencillas, quesos fundidos, y hasta pizzas hechas a base de pan árabe. Ah, el agua de jamaica es deliciosa y la hay de a litro. ¿Qué tal? ¿Quieres más? Antes de comer tus tacos puedes pedir un consomé de camarón muy sabroso y muy recomendable por si tienes un poco de resaca.

SALSÓMETRO

PRECIOS

MI VOTO

TACO ÁRABE

OTRAS CIUDADES

PUEBLA

⌐ DATO CURIOSO ⌐

Los tacos árabes y los al pastor son casi de la misma época, unos de influencia iraquí y los otros de procedencia griega; los dos están hechos con carne de cerdo, pero tienen preparaciones muy diferentes. Los tacos árabes se arraigaron en Puebla, y los de al pastor en la Ciudad de México.

FONDA SANTA CLARA

SI ESTÁN PENSANDO EN UNA FONDITA CON MESAS Y SILLAS PATROCINADAS POR ALGUNA CERVECERA, ESTÁN MUY EQUIVOCADOS.

★★★★

DIRECCIÓN

3 Poniente 327, Puebla de Zaragoza. En la calle de las dulcerías, a cuadra y media del Zócalo.

HORARIO

De lunes a domingo, de 8 am a 10 pm.

Uno de los restaurantes más ilustres de Puebla de los Ángeles, y quizá el de mayor proyección internacional de comida poblana, es la Fonda Santa Clara. Desde 1965, cuando la fundó la señora Alicia Torres, tiene la reputación de tener grandiosos moles y el mejor chile en nogada. El mole es exquisito, espeso, no tan dulce, no tan picoso, y se sirve con arroz (es el favorito de los extranjeros). Por su parte, los chiles en nogada son, sin duda, los mejores de México; para quienes no los conocen, se trata de un chile poblano asado relleno de carne de cerdo y res picada, manzana, almendra, nuez de castilla, pasas, y, en algunos casos, durazno y plátano. Todo esto se recubre con la nogada, que es una salsa hecha con huevo, queso, crema, leche, piñones, nuez, aceite y granos de granada. Se le agrega perejil para que tenga los colores de México, pues se dice que este platillo lo inventaron las monjas agustinas en 1821 para celebrar a Agustín de Iturbide, quien acababa de firmar el Acta de Independencia. No menos compleja es la elaboración del mole, del que se cuentan varios orígenes, uno de los cuales refiere que fue concebido por una monja del convento de Santa Rosa de Lima para deleitar al virrey Tomás Antonio de la Serna y Aragón. El mole poblano lleva más de 20 ingredientes, lo que lo convierte en uno de los platillos más excéntricos y ricos del mundo.

CHILE EN NOGADA
Y MOLE CON POLLO

DATO CURIOSO

Hay una cerveza exclusiva de este lugar elaborada para acompañar el chile en nogada, hecha de cereza, pera y durazno. Fue concebida no para emborracharse sino para adornar los muchos sabores del chile en nogada. ¿Qué les parece?

SALSÓMETRO

PRECIOS

$ $ $ $ $

MI VOTO

☆ ☆ ☆ ☆ ☆

La Pasita

NO NOS REFERIMOS A UNA SEÑORA DE 90 AÑOS,
SINO A UN ELÍXIR QUE LOS TRASLADARÁ
INSTANTÁNEAMENTE
AL PARAÍSO.

★★★★★

DIRECCIÓN

5 Oriente 602,
esquina Callejón
de los Sapos,
Centro, Puebla.

HORARIO

Todos los días,
de 12:30 pm
a 5:30 pm.

En el Callejón de los Sapos de la preciosa Puebla hay un lugar que vende una bebida mítica: la Pasita. Se trata de la cantina más famosa de Puebla y lleva más de un siglo vendiendo un particular licor de pasa que se acompaña con un pequeño pedazo de queso y una fruta seca. La leyenda cuenta que se servía una copa por cada cuadra que el visitante podía caminar luego de beber este poderoso licor. Es un trago muy rico y muy dulce, por lo que se recomienda no tomar más de dos o tres, porque sí es bastante pegador. El ambiente es extraordinario, lo visitan estudiantes, artistas y gente de a pie que ha visitado este lugar por décadas. El colorido y folclor de la Pasita es único por su decorado antiguo, así como por la extraña variedad de bebidas: "Sangre de bruja", "Sangre de artista", "Calambre", "Fantasma" y muchos más, preparados con diversos licores. También es muy comentado cuántas pasitas puede consumir mortal; el récord lo tiene un hombre apodado el *Peterete*, quien, según esto, bebió cien pasitas sin morir. Desde luego, ustedes no lo intenten.

LA PASITA

PRECIOS

$ $ ○ ○ ○

→ DATO CURIOSO ←

Entre los objetos que se exhiben en la Pasita podemos ver la brocha con que se pintó el Mar Rojo, la herradura del Caballo de Troya, la granada que le arrancó la mano a Álvaro Obregón y hasta los lentes que dejó olvidados Ignacio Zaragoza por haberse pasado de pasitas.

CEMITAS DE UN KILO

PORQUE NO SÓLO DE MOLE Y CHILES EN NOGADA
VIVE EL GARNACHERO, HE AQUÍ
A UN TITÁN DE LA COCINA POBLANA:
LAS CEMITAS.

★★★★★

DIRECCIÓN

Mercado del Carmen, 21 Oriente número 205, Puebla.

HORARIO

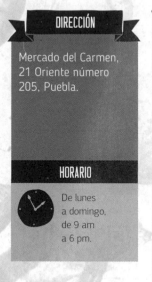

De lunes a domingo, de 9 am a 6 pm.

En el Mercado del Carmen, a unas calles del centro de la hermosa Puebla de los Ángeles, se encuentra un lugar que estás obligado a visitar: Cemitas Las Poblanitas. Las cemitas son un tipo de pan salado, grande, crujiente y adornado con ajonjolí (si no cumple con todas esas características, no es cemita), con el que elaboran un exquisito emparedado relleno de milanesa, jamón, pata de cerdo (éste fue el primer y original relleno, allá por el siglo XIX) o carne enchilada. Este pan lo trajeron los franceses en los tiempos de la Intervención y, con el paso de los años, se ha convertido en uno de los emblemas gastronómicos de Puebla. En Las Poblanitas, la tradición de la venta de cemitas ha perdurado a lo largo de tres décadas, y con mucha razón, pues son magníficas. Las más solicitadas son las de milanesa, las cuales preparan con un poco de jamón, pápalo, queso Oaxaca fresco y aguacate. Lo típico es acompañarlas con chiles en escabeche y una coliflor, pero muchos también prefieren el chipotle. De verdad, una sola cemita es comida para todo un día. Visualmente es muy atractivo ver su preparación: el mar de manos construyendo el milagro llamado cemita.

OJO: la fila es larga, por lo que debes contemplar venir con tiempo.

CEMITA
DE MILANESA

◆ DATO CURIOSO ◆

Cuenta la leyenda que, en una competencia, un gordo garnachero como tú y como yo se comió seis cemitas. No se sabe si murió. Si es así, se fue feliz, eso se los puedo asegurar.

SALSÓMETRO

PRECIOS

MI VOTO

LA TORTA DE ALBAÑIL

TORTA. ASÍ, SIMPLE. TORTA

★ ★ ★

DIRECCIÓN

Se encuentra prácticamente en cualquier cremería de Aguascalientes.

En la bella Aguascalientes, uno de los bocadillos que más se comen en cada esquina es la torta de albañil. La combinación no podría ser más sencilla: crema, bolillo, jamón y un chilote jalapeño. Sin embargo, aunque parece muy simple, esta torta tiene sus especificidades: el pan no es como el común del resto del país, pues en esta ciudad es muy grande (una mitad es como una sola pieza), y la corteza, bastante crujiente, por lo que en muchos lugares lo rellenan de guisado o carne. Este pan se lleva las palmas. Otra cosa que hace a esta torta muy rica es la crema, fresca y muy espesa, a diferencia de la crema industrial que parece agua.

Este tipo de torta austera en Aguascalientes es algo con mucha tradición; la comen los estudiantes, los obreros y, desde luego, los albañiles. Muchos locatarios han inventado su propia torta; algunos se bastan con un par de rebanadas de queso amarillo, una cucharada de frijoles y hasta ¡un plátano! Pero, sin lugar a dudas, la torta de Aguascalientes es auténtica por su pan, una verdadera maravilla.

¿PUES QUÉ MÁS?

OTRAS CIUDADES

AGUASCALIENTES

➤ DATO CURIOSO ➤

Aquí suele decirse: "Acompáñala con una Coca Cola y para adentro".

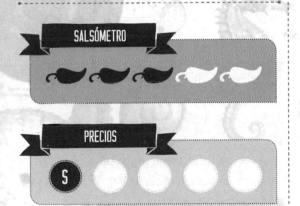

SALSÓMETRO

PRECIOS

$

MI VOTO

CHASCAS Y EMPAPELADOS EL SÍ HAY

YA SABEMOS QUE SIN MAÍZ NO HAY PAÍS. ESTE LUGAR REFRENDA ESE DICHO POPULAR CON UN PLATILLO QUE NO VERÁS EN OTRA PARTE DE NUESTRO QUERIDO MÉXICO.

DIRECCIÓN

Prolongación Zaragoza esquina con Sierra Fría, Bosques del Prado, Aguascalientes.

HORARIO

De lunes a domingo, de 5:30 pm a 10:30 pm.

En la bella Aguascalientes hay un lugar que todo mundo conoce: las chascas el Sí Hay. Se trata de un lugar mítico que desde 1930 ofrece un conjunto de ricos productos hechos a base de granos de maíz. La estrella es un elote que sirven hervido o asado, y se prepara con mayonesa, queso y chile habanero; posteriormente es pasado por las brasas para que todos los condimentos queden perfectamente gratinados. Su nombre se debe a la textura de la corteza del maíz, dorada y crujiente, y se recomienda aderezarlo con un chile de árbol en polvo con ajonjolí. ¡Delicioso! Las chascas son lo que comúnmente conocemos como esquites, pero en El Sí Hay se elaboran con mantequilla, chile y diversas especias que le dan un sabor muy especial. Finalmente, el famoso "Empapelado Mexicano" se prepara con grano al gusto y tres quesos: amarillo, manchego y mozarella [¿qué es exactamente? ¿Una cama de maíz con queso? Explicar]. Después, ya envuelto en aluminio, es puesto nuevamente a las brasas [¿o sea que el maíz está a las brasas desde antes?] para que los quesos se fundan adecuadamente. El resultado es golpe de felicidad en tu estómago. Si esto no es lo más cercano a conocer el cielo, ya no sé qué lo es. Y agárrense, garnacheros, que también hay empapelados de tocino con chorizo y champiñones. En Aguascalientes hay verdaderos platillos ricos en imaginación, sazón, condimentos y elaboración. ¡Viva Aguascalientes, ca&%*#es!

EMPAPELADO MEXICANO

DATO CURIOSO

Su nombre se debe a que un taxista preguntaba si todavía alcanzaba chascas, para no estacionarse y perder el tiempo solo pitaba el claxon, y los eloteros respondian "si hay" o "no hay", una tradición que sigue existiendo.

SALSÓMETRO

PRECIOS

MI VOTO

Lechón Horneado Rudy

NO APTO PARA GARNACHEROS DE ALMA SENSIBLE. SI NO TIENES PIEDAD, ¡PUES VAS!

★★★★★

DIRECCIÓN

Convención de 1914 esquina con Pueblito, colonia San Marcos, Aguascalientes.

HORARIO

De lunes a domingo, de 12 pm a 3 am.

En el merito Aguascalientes pueden comer uno de los mejores lechones de todo el país: Lechón Rudy. Se trata de un local que durante medio siglo ha vendido tacos y tortas de lechón horneado. ¿Qué cosa es el lechón? Es la carne del cerdo... bebé, cachorro, como quieran llamarle, y se diferencia de las famosas carnitas en que la carne es mucho más suave. Sí, el lechón de Rudy es increíble, tiernito y riquísimo. La porción recomendada para un buen estómago es un par de tacos y una torta. ¿Por qué digo esto? Porque los tacos son muy pequeños, y tendrás que pedir mínimo 5 o 6 para medio llenarte. Entonces lo mejor es pedir una torta: el bolillo es grande y la cantidad de lechón es más que generosa. La combinación es fenomenal: puede ser de cuero, maciza o surtida; para ser franco, todo es buenísimo. Hay que hablar de las salsas: una es guacamole y la sirven de cajón con el taco, y la otra es un pico de gallo muy rico a la que puedes añadirle unos chilitos verdes asados exquisitos. La torta surtida es muy socorrida, y hay que recordar que no se trata de una torta de carnitas común (como la ahogada de Jalisco), es más tierna y jugosa, precisamente por el tipo de carne. Lógicamente, un marrano pequeño es más sabroso que uno adulto, que ya está más maleado y mañoso.

TORTA
SURTIDA

OTRAS CIUDADES

AGUASCALIENTES

➤ DATO CURIOSO ➤

El lechón se diferencia del cerdo adulto, básicamente en que el lechón es la cría aún en etapa de lactancia, por lo cual en muchos lugares se le llama "cochinillo de leche".

SALSÓMETRO

PRECIOS

$ $

MI VOTO

MERCADO DE LA BIRRIA

¡CRUDA DEL MAL, RESACA DEL DEMONIO,
SAL DE ESTE CUERPO GARNACHERO!
¡GRACIAS, SEÑORA BIRRIA!

★★★★★

DIRECCIÓN

Victoria y Guadalupe, local 1, Centro, Aguascalientes. Sólo afilen el olfato y lo encontrarán.

HORARIO

De lunes a viernes, de 9:30 am. a 3:30 pm.

En el antiguo Mercado Juárez, hoy Mercado de la Birria, hay un sitio que todos los hidrocálidos señalan como el mejor para comer birria: el Agua Azul. Esta birriería fue fundada por el señor Elpidio Serna hace casi seis décadas y su especialidad es la birria de borrego (la hay chica, mediana y grande). La carne es muy buena y el caldo excepcional, levanta muertos, y lo sirven de la manera tradicional: con cebolla picada y limón. La salsa es muy rica y casi no pica, lo cual se agradece porque el caldo se sirve hirviendo. Son platos muy bien servidos, por lo que con uno mediano quedarán satisfechos. Aunque la birria no es de chivo, como la tradicional de Jalisco, su sabor y la calidad de la carne es de primera.

Algo que no podemos dejar pasar es el ambiente de este sitio. Imagínense un mercado de puras birrias: desde que entran el olor los invade y les abre el apetito, y el calor los hace sentir, no en el infierno, sino en el cielo de los caldos.

Así que ya saben, tengan o no resaca, no pueden dejar de visitarlo.

EL PLATO DE COSTILLA

DATO CURIOSO

Se llama Agua Azul porque antiguamente en el local había un cuadro de un río pintado por un amigo del dueño. Aún siguen sin ponerle nombre al lugar, pero no hay pierde: todo mundo lo recomienda.

SALSÓMETRO

PRECIOS

$ $ $ ○ ○

MI VOTO ☆ ☆ ☆ ☆ ☆

POSTRES EN OAXACA

SI EL MUNDO SE ACABARA Y SÓLO SOBREVIVIERA OAXACA,
EL MUNDO GARNACHERO PODRÍA ESTAR TRANQUILO,
QUE RENACERÍAMOS DE LAS CENIZAS

★★★★

DIRECCIÓN

Los tres locales se encuentran en el mercado Benito Juárez, colonia Centro, Oaxaca. Junto al mercado 20 de Noviembre.

HORARIO

Fruti Cream, lunes a domingo, de 8 am a 8 pm.
Nieves, lunes a domingo, de 9 am a 8 pm.
Aguas Casilda, lunes a domingo, de 10:30 am a 7 pm.

Si creían que en Oaxaca sólo existían tlayudas, carnes y moles, están muy equivocados, pues también hay postres exquisitos. Si no me creen, dense una vuelta por estos puestos del mercado Benito Juárez, en el que encontrarán las cosas más deliciosas para saciar ese paladar inquieto. Primero deben probar las cremas de mezcal de Fruti Cream, que son básicamente licores de mezcal a base de leche y miel, y los hay de piña colada, moca, capuchino, chocoplátano, guanábana, fresa, mango, jamaica, café, 14 hierbas, mezcal de cítrico, almendra y nuez. Son muy ricos, pero hay que tener mucho cuidado, porque es licor dulce y pega bastante (no apto para menores de edad,

por cierto). Ahora, si lo suyo son las nieves, tienen que probar las de Chagüita y sus 28 sabores, como el de
leche quemada con tuna roja (que se pueden comer con una empanada de tuna roja), o el de fresa, coco, mezcal, nuez, rosa, piña colada, maracuyá, beso de ángel, elote, mamey y muchos más. Finalmente, es una obligación visitar las Aguas Casilda, un expendio de casi un siglo de antigüedad, y la prueba es su permiso expedido en 1926, que aún exhiben con mucho orgullo. Hay sabores que sólo encontrarán aquí: horchata de almendra con tuna, zapote, lychi, chilacayota y carambola. Además, la preparación es todo un arte; por ejemplo, la de horchata, primero se sirve el dulce (agua con azúcar) y hielo; luego se vierte el agua de horchata a la que se agregan pedazos de melón, extracto de tuna roja, almendras y nuez. Una obra de arte que debe estar en la sala principal del Museo de Arte Moderno o en su panza, garnacheros.

PRECIOS

MI VOTO

OTRAS CIUDADES

OAXACA

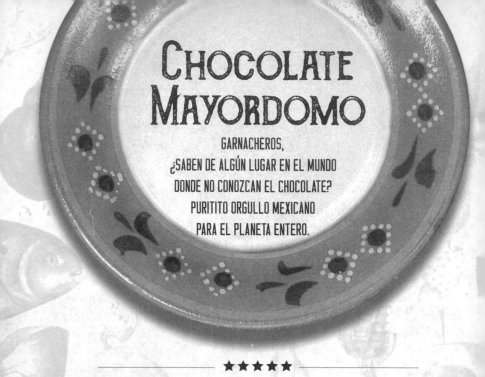

CHOCOLATE MAYORDOMO

GARNACHEROS,
¿SABEN DE ALGÚN LUGAR EN EL MUNDO
DONDE NO CONOZCAN EL CHOCOLATE?
PURITITO ORGULLO MEXICANO
PARA EL PLANETA ENTERO.

★★★★★

DIRECCIÓN

20 de Noviembre 219,
colonia Centro, Oaxaca.
A un costado del
mercado 20 de
Noviembre.
Hay varias sucursales
por toda la ciudad.

HORARIO

De lunes
a domingo,
de 7 am
a 7 pm.

Una de las bebidas más antiguas de los pueblos de Mesoamérica es el chocolate, del náhuatl *xocolatl*, que hoy es de los postres más famosos del mundo –si que el más famoso–, y en nuestras tierras se ha consumido durante los últimos 3000 años. El de Oaxaca es, quizá, el más célebre, y en especial el Mayordomo, que cuenta con varios locales. En el local del centro, podemos ser testigos de la preparación original del chocolate.

¿Qué es el chocolate? Es una mezcla hecha a base de vaina de cacao, una gran semilla que se da primordialmente en Tabasco y Chiapas, y posteriormente se muele con almendra y canela, para finalmente agregar azúcar. **Ojo:** el cacao solo tiene un amargor incomible, y es la azúcar la que le va dando el dulzor. Esto quiere decir que, entre más azúcar se le echa al chocolate, menos cacao contiene. Interesante ¿no? En el Mayordomo hay varios tipos de chocolate y pueden comprarlo por kilo, para prepararlo en casa. Es una delicia ver cómo lo muelen; no se lo pierdan. Ahora sí, una vez dicho lo anterior, es hora de pedir una taza de chocolate espumoso y comerlo con un pan de yema.

Ojo: abren muy temprano, por lo que pueden ir a desayunar una buena taza de chocolate con pan. ¡Salud, mortales!

CHOCOLATE NEGRO CLÁSICO

DATO CURIOSO

El Mayordomo está abierto desde los años cincuenta y hoy cuenta con 23 sucursales en Oaxaca, Puebla, Veracruz y Ciudad de México. Aunque se le conoce por el chocolate, también vende mole negro (el tradicional de Oaxaca) y rojo.

PRECIOS

MI VOTO

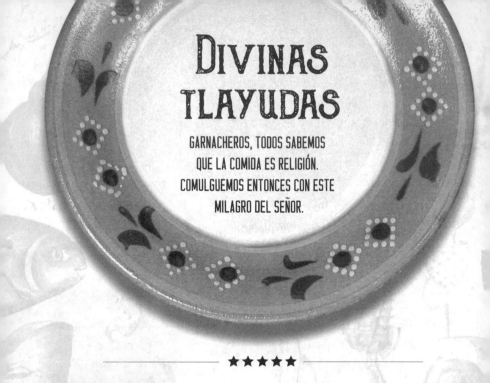

DIVINAS TLAYUDAS

GARNACHEROS, TODOS SABEMOS
QUE LA COMIDA ES RELIGIÓN.
COMULGUEMOS ENTONCES CON ESTE
MILAGRO DEL SEÑOR.

★★★★★

DIRECCIÓN

Mercado 20 de
Noviembre, entre
Miguel Cabrera,
Mina y Aldama,
Oaxaca.
A unos pasos del
Zócalo.

HORARIO

 De lunes
a domingo,
de 7 am
a 10 pm.

En Oaxaca de Juárez, en el Mercado 20 de Noviembre, hay un lugar llamado La Abuelita que, según la gente, vende las mejores tlayudas de la ciudad y, por lo tanto, del mundo. Para quienes han ido a Oaxaca, saben ya lo que es una tlayuda: una enorme tortilla crujiente hecha de maíz y manteca, bañada de una base llamada asiento, y servida con quesillo fresco, jitomate, aguacate y lechuga, además de un ingrediente variable, pero las más solicitadas son las de carne, que puede ser cecina enchilada, chorizo, tasajo o la especialidad, que es con las tres carnes juntas. Es un manjar, el asiento es riquísimo, el queso de los mejores que se pueden probar, y la carne es muy buena.

Como acompañamiento, en La Abuelita se sirve un caldo (una especie de sopa campesina) de pollo con arroz, chicharrón, aguacate y quesillo... delicioso. Pero eso no es todo, hay tamales oaxaqueños, órdenes de quesadillas, de memelas, de empanadas de mole amarillo o verde y, por supuesto, platos de chapulines (que, para quien no lo sabe, es una tradición prepararlos con limón y sal). Desde luego, también hay mole negro y amarillito, muy típico de esta región, que sirven con pollo, arroz y frijoles. No hay pierde. Para el desempance vayan por un agua de chilacayote y horchata a las Aguas Casilda –en el mercado de al lado, el Benito Juárez– o una copita de mezcal.

LA ESPECIAL

DATO CURIOSO

Este mercado es el templo de una de las mejores gastronomías mundiales: la oaxaqueña.

OTRAS CIUDADES

OAXACA

SALSÓMETRO

PRECIOS

$ $

MI VOTO

☆ ☆ ☆ ☆ ☆

GUÍA PARA DISTRAIDOS Y EXTRANJEROS 2

GARNACHEROS, ESTE MUNDO ESTÁ LLENO DE NOTICIAS FALSAS, DE APROVECHADOS QUE SE QUIEREN LUCIR CON ALIMENTOS QUE LES PONEN LA ETIQUETA DE MEXICANOS. POR ESO LES DARÉ UNA GUÍA RÁPIDA DE AQUELLAS COSAS QUE PARECEN MEXICANAS, PERO QIE NO LO SON EN ABSOLUTO. SI SON EXTRANJEROS, LO COMPRENDEMOS. PERO SIN SON MEXICANOS Y CREEN QUE ESTO ES MEXICANO, QUIERO DECIRLES QUE LES HACE FALTA BARRIO.

MARGARITAS

Garnacheros del mundo, si alguien les ofrece esta bebida como típica mexicana, díganle que de mexicano sólo tiene el nombre y el tequila (ese sí muy nuestro), porque esa bebida en realidad fue inventada fuera de las fronteras aztecas.

TACO (BELL)

Si en México le muestran a alguien esto, seguramente se tirará de risa. En México no lo conocemos; que no les digan, que no les cuenten, eso sólo se sirve en Estados Unidos. Bien por ellos, pero no es mexicano.

BURRITOS

¡Cómo no empezar con esta imitación de nuestros queridos tacos! Hay que reconocer que el texano que los inventó hizo un gran esfuerzo, pero no, garnacheros, no son mexicanos.

TAPATÍO Y TABASCO

Están en español, sí. Tapatío y Tabasco se refieren a algo en México, sí. ¿Son mexicanas? Para nada, garnacheros. No se dejen engañar. Esas salsas también las hicieron los gringos. No las conocemos y ni son picosas como dicen.

TOSTITOS

Me imagino al gringo que en un viaje a México pidió unos chilaquiles y se le ocurrió que podría hacer algo semejante. Está bien su iniciativa, pero tengo que decirles que tampoco es mexicano. Sólo es un intento (malo) de nuestros deliciosos chilaquiles.

NACHOS

Sé que le romperé el corazón a más de uno, lo lamento: los nachos no son mexicanos. Sé que duele, pero es la verdad. No se acercan ni tantito a –sí, otra vez– los únicos y reales chilaquiles.

El Pasillo de las Carnes

POR ESTE PASILLO TRANSITAN
TODAS LAS ALMAS QUE VAN AL PARAÍSO,
PERO NO SABEN QUE EL PASILLO
ES EL PARAÍSO MISMO.

DIRECCIÓN

Centro de Oaxaca,
entre 20 de Noviembre,
Miguel Cabrera, Mina
y Aldama.

HORARIO

Lunes a domingo
de 8 am
a 8 pm.

A unos pasos del hermoso zócalo de la ciudad de Oaxaca está el Mercado 20 de noviembre, donde hay un lugar mágico llamado "El pasillo de las carnes". Es uno de esos lugares que por consenso se vuelve un referente, pues no hay un solo lugareño que no lo señale como el elegido para comer carne.

Es como un viaje ácido, pero de carnes, ya que llega el momento en que no sabes a dónde voltear con la gran variedad de los 18 puestos que ofrecen tasajo, chorizo, cecina enchilada, costilla, tripa y ubre. Ahí es todo un ritual pedir la carne: al final del mercado hay un grupo de señoras que te asignan la mesa y te dan una canasta; con ella tú elegirás la carne que previamente viste en alguno de los puestos. Asombroso, ¿no? La carne se vende de un cuarto para arriba, y se puede pedir un kilo mixto de cecina y tasajo, o de chorizo y costilla, Lo extraordinario es que ahí mismo, ante tus ojos, cuecen al carbón lo que acabas de elegir. Por supuesto, la carne es muy fresca y la sirven en pedazos inmensos. Una vez que tiene uno su porción en la canasta, hay que conseguir mesa y preparar los tacos con los muchos tipos de salsas, guacamole, pico de gallo, nopales, aguacate, cebolla y rábano. Te volverás loco de tanto sabor.

TASAJO

OTRAS CIUDADES

OAXACA

DATO CURIOSO

Muchos confunden la cecina con el tasajo, pero aclaremos este mal entendido: el tasajo es una carne más gruesa y esto se debe a que la cecina es la que va a ras del suelo para que no se rompa y el tasajo se cuelga en tubos para secarla.

SALSÓMETRO

PRECIOS

MI VOTO

HORCHATA DE BENDICIÓN

LO DIRÁN DE CHÍA PERO ES DE HORCHATA, GARNACHEROS

★★★

DIRECCIÓN

Av. Paseo Tabasco y Avenida 27 de Febrero, Villahermosa, Tabasco. Frente a la catedral que le da su nombre.
No hay pierde.

HORARIO

 De lunes a domingo, de 10 am a 10 pm.

En el parque Tabasco, en el edén del sur mexicano, hay una forma de calmar el calor y, a la vez, disfrutar de una bebida muy rica: tomar las aguas de Horchatas la Catedral la Bendición del Señor de Tabasco, en Villahermosa. Se trata de un puesto de muchísima tradición (abierto desde 1951), muy colorido y bastante visitado. Sinceramente, el agua es muy buena, en especial la de horchata, que consiste esencialmente en un vaso de medio litro preparado como una especie de frappé: hielo, horchata y canela. ¡Una verdadera delicia! El arroz le da una consistencia espesa, de manera que entre sorbo y sorbo también le pueden dar un mordisco.

Enfrente de las aguas, garnacheros, está la Catedral del Señor de Tabasco, una construcción barroca de principios del siglo XVII, pero bastante más austera que las grandes catedrales mexicanas a las que estamos acostumbrados, y que deben visitar. Ha sufrido ya alguna demolición y varias remodelaciones, pero ha sobrevivido a pesar de que el General Tomás Garrido (férreo anticatólico que destruyó muchos templos), gobernó por estos lugares.

HORCHATA

◆ DATO CURIOSO ◆

Antonio Alejo Bautista, el fundador, emigró de su natal Cárdenas a Villahermosa, a la edad de 12 años. A esa edad trabajó en una fuente de sodas llamada La Cascada, donde aprendió el arte de preparar la horchata.

OTRAS CIUDADES

VILLAHERMOSA

PRECIOS

$

MI VOTO ☆ ☆ ☆ ☆ ☆

El GRANDIOSO PEJELAGARTO

NO EJTAMOJ HABLANDO DE LA MAFIA EN EL PODER, ¡NO!

★★★★

DIRECCIÓN

Carretera Villahermosa–Comalcalco, kilómetro 7, Comalcalco, Villahermosa, Tabasco. A unos cuantos metros del cruce con el Libramiento de Villahermosa.

HORARIO

De lunes a domingo, de 8 am a 7 pm.

En el edén sureño, a siete kilómetros de la ciudad de Villahermosa, se encuentra un sitio que ofrece algo que si, andan por allá, no pueden dejar de probar: el pejelagarto. Nos referimos a un famoso pez típico de los ríos de aquellos lugares, muy característico por su hocico largo y dentado, como el de un pequeño cocodrilo. En La Palapa de Polito, desde hace 40 años lo sirven de varias maneras: asado a las brasas ("el Envarasado"), solo con limón y sal, guisado ("el Minilla") como si fuera una especie de ceviche, y en salpicón, con sus hojas de cilantro y sus aros de cebolla morada. Todos son buenos, aunque, a decir verdad, "el Minilla", servido con tostadas, se lleva las palmas. El pejelagarto en cualquiera de sus presentaciones se acompaña con chile amachito, conocido porque según pica mucho (no pica tanto, en realidad) y con unas enormes tortillas de maíz que ahí mismo preparan (y que más bien parecen hot cakes gigantes). La tortilla también la preparan al mojo de ajo, por lo que se puede comer así sola. Nos dice el dueño de esta palapa que las vísceras son lo más rico del pejelagarto, pero eso sí, muy bien limpias.

Yo, garnacheros, me quedo con la versión "el Minilla".

MINILLA

OTRAS CIUDADES

VILLAHERMOSA

DATO CURIOSO

Este lugar tiene su propio criadero, por lo que, sin duda alguna, el pejelagarto que te comas será muy fresco.

SALSÚMETRO

PRECIOS

ME GUSTÓ

Las Nieves del Güero Güera

DESPUÉS DEL ATASCÓN DE COMIDA JAROCHA, VÁYANSE PARA ALLÁ, A REFRESCAR LA GARGANTA.

DIRECCIÓN

Landero y Coss, esquina con Zamora, Colonia Centro, Veracruz, Veracruz, a unos pasos de la Plaza de la República

HORARIO

Los 365 días del año, de 8 am a 12 am.

A mediados de los años setenta, estas nieves no eran sino unos carritos de helado. Los dueños, para llamar la atención, gritaban: "¡Pásele, güero; pásele, güera!" y por esta razón es que se quedó tan singular nombre. Hoy es uno de los lugares más visitados del centro de Veracruz, y es quizá más por la tradición que por lo excepcional de los helados; pero, desde luego, hay sabores muy buenos por los que vale la pena darse una vuelta: maracuyá, cacahuate, fresa, coco, mamey, guanábana, tropicolada, mango, y todos los sabores tradicionales. También venden una nieve que se llama "Champola", y otra llamada "Frozen", que básicamente es una chamoyada que puede ser de piña,

mango, maracuyá o tamarindo. Y las presentaciones
también vienen en cuatro tamaños: chico, mediano, grande y "la Gloria", que es de un litro. Recuerden: pueden pedir combinación de sabores, por si su paladar es demasiado exigente. Si andan de paseo por Veracruz, el propio calor los hará ir a las nieves Güero, Güera. Su historia lo vale.

MARACUYÁ Y CACAHUATE

DATO CURIOSO

El Güero Güera es una de las pocas heladerías donde podrás llegar a altas horas, pues cierran a media noche. A diferencia de la mayoría de las heladerías, ésta cumple también con una función de café donde puedes ir a platicar.

PRECIOS

$

MI VOTO
☆ ☆ ☆ ☆ ☆

LA PARROQUIA

LA BIBLIA GARNACHERA LO DICE:
TODO MEXICANO TIENE QUE IR A ESE
RESTAURANTE AL MENOS UNA VEZ EN SU VIDA.
PALABRA DE GARNACHERO.

★★★★

DIRECCIÓN

Insurgentes Veracruzanos 340, Centro, Veracruz, Veracruz. No necesitan referencia. Todos saben dónde queda.

HORARIO

De lunes a domingo, de 7 am a 11 pm.

Si de lugares tradicionales hablamos, pocos representan tanto al estado de Veracruz como La Parroquia. De verdad, no haber visitado la Parroquia es no conocer este emblemático puerto del país: su lechero, su pan canilla, su huevo tirado y sus picadas, son ya incluso un asunto cultural más que gastronómico. Pero son muchas cosas las que vuelven mítico este lugar: las enormes cafeteras italianas de los años veinte sus contenedores son de 8 litros y preparan de golpe hasta medio kilo de café. El menú es amplísimo: enchiladas, pescados, carnes, hamburguesas... pero las especialidades son los huevos tirados con queso, el "Consomé la parroquia, el espagueti con camarones al ajillo y el club sándwich.

El café lechero es un ritual aparte, que se acompaña con pan de dulce, concha con nata, concha con mantequilla o concha con frijoles (una combinación bastante exótica, pero muy buena); esas son las famosas "Bombas". El café es delicioso, pues ya saben que el de Veracruz, por ser un estado que pasa largas temporadas con clima húmedo, es uno de los mejores del mundo (el de Xalapa y Coatepec son un ejemplo de café de primera línea).

HUEVOS TIRADOS, BOMBAS Y CAFÉ LECHERO

✎ DATO CURIOSO ✎

El "tin tin tin" (el golpe que se da con la cuchara al vaso de café para llamar al mesero) tiene su origen en que hace muchos años, a las 5 de la mañana pasaba el tranvía frente a la catedral y el conductor hacía sonar su campana para que le llevaran su café lechero.

PRECIOS

TORTAS GUACAMAYAS

LEÓN NO ES SÓLO ZAPATOS,
ARTÍCULOS DE PIEL
Y EL TEMPLO DE SAN JUAN DE DIOS.

★★★★

DIRECCIÓN

Ignacio Altamirano
307, Barrio de San
Juan de Dios, León,
Guanajuato.
A un costado del
templo.

HORARIO

De lunes
a domingo,
de 12 am
a 12 pm.

Ahí son famosísimas unas tortas
que durante más de 35 años han sido un
referente para los habitantes de esta ciudad:
las tortas Guacamayas. Ya en aquellos años
remotos en que este lugar fue fundado, don
Diego, el padre del actual dueño, las llamaba
"Guacamayas". ¿Qué las hace singulares?
Es una torta de chicharrón seco con
aguacate y, lo más importante, una salsa
muy espesa y picosa hecha de jitomate,
cebolla y chile verde. Después se le vierten
unas gotas de limón, ¡y para adentro!

Ojo: no se parece a la clásica torta
ahogada de Guadalajara, porque la salsa no
está cocida, y se sirve en crudo igual que
el chicharrón, lo cual le da características

únicas. La verdad, es sorprendente que esta sencilla combinación dé un resultado tan rico.

¿Saben? El hecho de que el chicharrón y la salsa se sirvan así en frío y con limón, da la sensación de estar botaneando (de hecho es más una botana que una comida completa). También venden tostadas con jitomate y cebolla picada, muy sencillas, pero igualmente ricas.

LA GUACAMAYA

OTRAS CIUDADES

LEÓN

☞ DATO CURIOSO ☜

En Guanajuato venden algo muy parecido (el nombre mismo se lo disputan), pero con huevo cocido y arroz; desde luego, no son las guacamayas auténticas.

SALSÓMETRO

PRECIOS

$ $ $ $

MI VOTO ☆ ☆ ☆ ☆ ☆

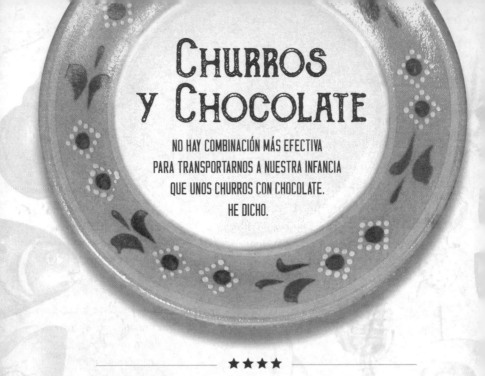

CHURROS Y CHOCOLATE

NO HAY COMBINACIÓN MÁS EFECTIVA
PARA TRANSPORTARNOS A NUESTRA INFANCIA
QUE UNOS CHURROS CON CHOCOLATE.
HE DICHO.

★★★★

DIRECCIÓN

San Francisco 20, zona Centro, San Miguel de Allende, Guanajuato. Todo mundo conoce el lugar.

HORARIO

De lunes a domingo, de 8 am a 11 pm.

San Miguel de Allende es uno de los pueblos más bellos del Bajío; tanto, que en el año 2008 fue declarado patrimonio de la humanidad por la UNESCO. Muy cerca del centro, está un lugar amado por muchos: la churrería de la actriz y modelo argentina Margarita Gralia, Café San Agustín. Es un lugar un tanto *nice* (a los platos les hacen unos decorados muy monos y te dan cubiertos para cortar los churros), pero es barato y los churros son muy buenos. Hay de cajeta, nutela y lechera; la verdad es que los tres son bastante recomendables. El chocolate es amargo, espumoso y espeso, lo que quiere decir que efectivamente le ponen una buena cantidad de cacao. El lugar es colorido, hay buen ambiente, y algo que llama mucho la atención (¡y cómo no!), es que las paredes están repletas de retratos de Margarita Gralia, lo cual se agradece mucho, porque es una mujer bellísima y todo lo demás.

EL CHOCOLATE CLÁSICO

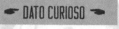

DATO CURIOSO

Café San Agustín se encuentra frente al Templo de San Francisco, una hermosa construcción del siglo XVIII, que es famoso porque los arquitectos aún no se han puesto de acuerdo si posee una fachada barroca, churrigueresca o rococó. Cosas de San Miguel de Allende.

PRECIOS

$ $ ○ ○ ○

MI VOTO ☆ ☆ ☆ ☆ ☆

GORDITAS DE QUERÉTARO

VAN A CONOCER LA DIVINA TRINIDAD, GARNACHEROS, Y NO ESTAMOS HABLANDO DE MANDARLOS YA AL CIELO.

★★★★★

DIRECCIÓN

Mercado de la Cruz, Garibaldi y Gutiérrez Nájera. Relativamente cercano al Centro, Querétaro.

HORARIO

Todos los días, menos el jueves, de 7 am a 3:30 pm.

En Querétaro es común que los chavos se vayan de pinta para ir al Mercado de la Cruz a comer a El Güero y Lupita. Es un local legendario que vende gorditas de tres tipos: migaja, queso y mixta (las proporciones son normal y grande). En lo general, déjenme decirles que son gorditas muy buenas, doraditas, tienen la característica de que no son tan grasosas y la salsa está en ese punto de perfección, en el cual no pica tanto y su sabor es magnífico. La más pedida es la mixta grande, pero a mí también me gustó la migaja, pues tiene su particularidad: se trata de los asientos sobrantes de las carnitas de cerdo, los que la convierten en una auténtica garnacha para gordos profesionales. Otra cosa a destacar es que la sirven con mucha lechuga y el queso es muy bueno, de rancho. También hay que considerar que el tamaño normal es algo pequeño, por lo que seguramente tendrán que pedir tres para llenarse, si son de buen comer.

Así que ya saben, Querétaro no sólo es célebre por ser cuna de la proclamación de la Constitución de 1917, sino por las gorditas de El Güero y la Lupita. Vayan y pidan sus gorditas hasta que se les entuma el brazo izquierdo, garnacheros.

LA MIGAJA

OTRAS CIUDADES

QUERÉTARO

DATO CURIOSO

Cuenta el dueño que el local lo fundó su suegra, la señora Basilia, allá por 1951, cuando las gorditas las hacían al comal, y sólo de migaja. Desde luego, después tomaron conciencia y las hicieron fritas, que es como a la mayoría de los garnacheros de México nos gustan.

SALSÓMETRO

PRECIOS

MI VOTO

EL HUARACHE GIGANTE

¿SE IMAGINAN UN HUARACHE DE ¡SEIS KILOS!?
PUES EN LAS CALLES DE CIUDAD NEZAHUALCÓYOTL
LO ENCONTRARÁN EN LOS HUARACHES
FAMILIA MEZA MENDOZA.

★★★★★

DIRECCIÓN

Calle Rosas de Mayo
esquina con
Madrugada, colonia
Benito Juárez,
Nezahualcóyotl, Estado
de México.

HORARIO

De 7 de la mañana
a 7 de la tarde.
Cerrado
únicamente
los días 25
de diciembre
y 1 de enero.

Estamos ante una especialidad única en su género llamada "el Niño Pobre". ¡Puro porno para gordos! No es un sope, ni una memela ni un tlacoyo; se trata de un auténtico huarache relleno de frijoles hecho a base de una tortilla de maíz de medio kilo. Tranquilos, que esto es sólo el comienzo. Con lo que adornan "El Niño Pobre" es una verdadera montaña, el Everest de las garnachas: carne de res enchilada, chorizo, pastor, pollo, salchicha, chuleta, huevo, tocino y queso. La carne es fresca y la combinación de elementos, aunque bastante atascada (y a pesar de que sabemos que nunca es suficiente), es muy rica. No se angustien, que como es para muchas personas, viene acompañado de pequeños huaraches para que poco a poco acaben con ese Everest de Neza.

"El Niño Pobre" es el atractivo principal, por si había duda, pero, desde luego, también preparan quesadillas, gorditas y huaraches individuales. Es un lugar muy limpio y con un servicio excelente.

EL NIÑO POBRE PUEDE COMPARTIRSE CON 15 A 20 PERSONAS

DATO CURIOSO

Ya los emperadores del México antiguo deleitaban sus banquetes con huaraches. Si quieres comer como un verdadero emperador de la urbe, ven a los huaraches Familia Meza Mendoza.

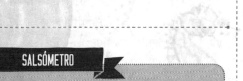

SALSÓMETRO

PRECIOS

$ $

MI VOTO ☆ ☆ ☆ ☆ ☆

OTRAS CIUDADES

NEZAHUALCÓYOTL

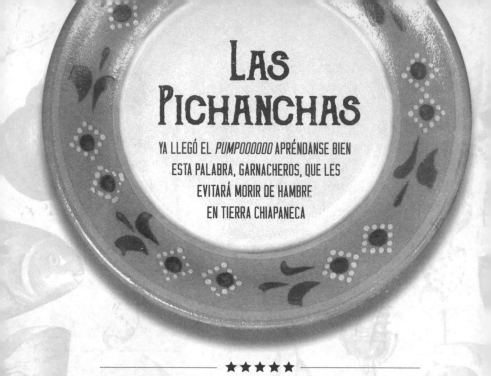

LAS PICHANCHAS

YA LLEGÓ EL *PUMPOOOOOO* APRÉNDANSE BIEN
ESTA PALABRA, GARNACHEROS, QUE LES
EVITARÁ MORIR DE HAMBRE
EN TIERRA CHIAPANECA

★ ★ ★ ★ ★

DIRECCIÓN

Avenida Central
Oriente 837, Tuxtla
Gutiérrez,
Chiapas. A sólo tres
cuadras del Parque
5 de mayo.

HORARIO

De lunes
a domingo,
de 12 pm
a 12 am.

En el centro de Tuxtla Gutiérrez, Chiapas, hay un lugar que todo mundo recomienda por su excelente comida: Las Pichanchas. Lo tradicional es comenzar con una sopa de chipilín (que se sirve con bolitas de masa rellenas de queso, y más queso en cuadritos) y después, un cochito, que es carne de puerco horneada con salsa de chile ancho, acompañada de ensalada, arroz y frijoles: ex-qui-si-to. Pero si se quedaron con algo de hambre, pueden pedir un "Filete Simojovel", que es de res, a la plancha, bañado con una deliciosa crema hecha con chile simojovel; se acompaña con arroz, perejil y cebolla. ¡Delicioso! ¡Ninguno de los platos se pueden perder!

Pero aquí el atractivo principal es una bebida: "el Pumpo", hecho de piña, vodka, limón, agua mineral, hielo y limón. Está envasado en un recipiente natural llamado tecomate, elaborado con la corteza del guaje o la calabaza (aunque también los hay de barro). La manera de servirlo es todo un ritual: cuando alguien pide un pumpo", el mesero toca una campana que está en la barra, y grita a toda voz: "¡sale un pumpo!", a lo que sus compañeros hacen eco. Finalmente, al servirlo, vuelve a gritar "¡llegó el pumpo!". Y va para adentro. ¡Salut!

COCHITO, "FILETE SIMOJOVEL"

DATO CURIOSO

Al caer la tarde, al lugar llega la música tradicional chiapaneca y los bailes folclóricos, todo un plus que ameniza el lugar.

OTRAS CIUDADES

CHIAPAS

SALSÓMETRO

PRECIOS

MI VOTO

Margarita gigante en El Costeño

SI LEONARDO DA VINCI HUBIERA SIDO COCINERO, ESTE LUGAR HUBIERA SIDO SU OBRA MAESTRA.
¡TE AMAMOS, SAYULITA!

★★★★★

DIRECCIÓN

A la orilla del mar, Delfines 219, Sayulita, Nayarit. Donde vean mar, ahí.

HORARIO

Todos los días, de 12 pm a 8 am.

Sayulita es una hermosa playa que se encuentra a 35 minutos de Puerto Vallarta. En un local llamado El Costeño venden —escuchen bien— la margarita más grande del mundo. Es un trago del tamaño de un balón de futbol. ¡Santos tequilas! Y esta bebida es uno de los motivos principales por el que muchos turistas con sed de la mala van a esta paradisiaca playa. Pero esperen, preparan una todavía más grande hecha con mango y fresa, llamada "La Jumbo", que es de seis litros. ¡Seis litros de alcohol en la sangre! Desde luego, estos titánicos elíxires de preferencia se deben compartir entre muchas personas. Pero agárrense, que esto es sólo un aperitivo para entrarle a la mariscada, un enooooorme plato servido con todos los mariscos posibles: camarones a la diabla, pulpo, mojarra frita, jaiba, pescado a las brasas... todo esto acompañado con porciones de arroz, jitomate, papas fritas y pepino. ¡Una verdadera maravilla! Y si ya bebieron una margarita el día anterior, pues está "el Cielo Rojo", la tradicional michelada con clamato por si amanecieron un poco descuartizados. Los platos y bebidas gigantes son el atractivo de El Costeño, pero también se sirven órdenes individuales de camarones (empanizados, al ajillo, a la diabla, con salsa de coco), mojarras, filete asado y caldo de pescado. Entonces, como bien se dice por estos rumbos: si vienen a Sayulita y no conocieron El Costeño, no conocieron Sayulita.

MARISCADA, MARGARITA, "LA JUMBO". LA MICHELADA ESTÁ INCREÍBLE Y ES LA QUE SE LLEVA TODO EL ESPECTÁCULO

OTRAS CIUDADES

SAYULITA

➤ DATO CURIOSO ➤

Este lugar que hoy es el más recomendado de Sayulita comenzó como una pequeña cantina exclusiva de pescadores.

SALSÓMETRO

PRECIOS

MI VOTO

PESCADO A LA TALLA EN DON ALEJO

PLAYA QUE SE EXTIENDE POR KILÓMETROS,
OLAS BRILLANTES, ARENA SUAVE, SOL IMPECABLE. . .
¿QUÉ HACEN METIDOS EN SUS CASAS,
GARNACHEROS?

★ ★ ★ ★ ★

DIRECCIÓN

Costera Benito Juárez 8, Colonia Alfredo V. Bonfil, Barra Vieja, Guerrero. Sobre Boulevard Barra Vieja, unos metros adelante del Club de Playa Elcano Diamante.

HORARIO

De lunes a domingo, de 7 am a 10 pm.

A sólo 30 minutos del puerto de Acapulco, en Barra Vieja, se encuentra un restaurante que recomiendan mucho: Don Alejo. Por su pescado a la talla es que la gente de por ahí llena el lugar: un pescado de un kilo, asado a las brasas, bañado en adobo de chile guajillo. El plato, con guarnición de papas y ensalada, es de verdad para chuparse los dedos: una delicia de pescado que se puede comer en tacos. Hay dos tipos de salsa: roja de molcajete y de aceite, que se está poniendo de moda porque, en efecto, da mucho sabor a lo que toca. El pescado a la talla es muy tradicional en Acapulco, y lo usual es que sea huachinango o incluso mojarra. Hay distintas recetas: lo fundamental son los chiles secos, guajillo, pasilla, morita, de árbol o ancho, y se le agrega pimienta negra, comino, pimienta gorda, hierbas de olor, sal de grano y mayonesa. El de don Alejo no tiene comparación, está maravillosamente bien servido y tiene un saborcito a mostaza que lo hace muy particular. Y algo que será un plus para todos los que visiten Don Alejo, es que también hay alberca, por lo que pueden darse un chapuzón antes de atascarse su pescado a la talla.

PESCADO A LA TALLA

DATO CURIOSO

Nos dice Edith, la señora que ha hecho pescado en ese lugar durante 15 años, que para reconocer un pescado fresco se debe ver su ojo, y éste debe ser cristalino, como si tuviera una especie de catarata. Aunque usted no lo crea.

SALSÓMETRO

PRECIOS

S S S S

MI VOTO

LA RUTA DE LA GARNACHA

★ ★ ★

De Lalo Villar, fue impreso en
agosto de 2017, en Corporación
de Servicios Gráficos Rojo, S.A. de C.V.
Progreso 10, Col. Centro, C.P. 56530
Ixtapaluca, Estado de México

Leopoldo Lezama
y Lilia Villanueva
cuidaron la edición,
coordinada por
César Gutiérrez